PFLANZEN
FÜR
GARTENVÖGEL

o.: Sommergoldhähnchen ♂

PFLANZEN FÜR GARTENVÖGEL

Wie Sie in Ihrem Garten vielfältiges
Zwitschern erzeugen

JANE MOORE

ILLUSTRATIONEN VON JAMES WESTON LEWIS

GERSTENBERG

WIDMUNG

Für Andrew und Christina,
die Arbeit in eurem Garten hat
mich zu diesem Buch inspiriert.

INHALT

re.: Rotkehlchen ♂

EINLEITUNG

In unseren heimischen Gärten lassen sich mehr als nur ein paar Tauben blicken. Egal, ob sich Ihr persönliches Fleckchen Grün auf dem Land oder in der Stadt befindet, können Sie darin viele verschiedene Vogelarten beobachten – von gewöhnlichen Haussperlingen und scheuen Zaunkönigen bis hin zu majestätischen Reihern und faszinierenden Wanderfalken. So ist der Kirchturm in der Nähe meines Hauses dafür bekannt, dass dort regelmäßig Wanderfalken brüten und von meinem Garten aus kann ich oft ihren durchdringenden Ruf hören. Gebäude und Gärten sind für Vögel inzwischen zu wichtigen Lebensräumen geworden – selbst für solche, die wir eigentlich auf dem Land vermuten.

So werden Sie bei einem Spaziergang durch den Stadtpark verschiedene Meisen- und Finkenarten, vielleicht auch einen Specht oder sogar einen Turmfalken oder Sperber beobachten können. Befindet sich in der Nähe ein See oder ein Fluss, bekommen Sie womöglich Reiher, Blesshühner, Teichhühner und mit etwas Glück einen Eisvogel mit seinem metallisch-blauen Gefieder zu Gesicht.

Einige Vögel sind ortstreue Standvögel und lassen sich täglich im Garten blicken, andere hingegen sind nur vorübergehende Besucher, die die Sommermonate bzw. ein, zwei Tage im Garten verbringen. Doch sie alle statten uns einen Besuch ab, wenn wir die Umgebung nur entsprechend einladend gestalten. Und

genau darum geht es in diesem Buch: Es bietet praktische Tipps und leicht umzusetzende Maßnahmen, um den eigenen Garten für Vögel attraktiver zu machen.

Im Folgenden finden Sie daher zahlreiche Anregungen für eine vogelfreundliche Bepflanzung und Gartenpflege. Die Pflanzenkapitel sind dabei nach Jahreszeiten geordnet, um Ihnen die Gartenplanung zu erleichtern. Da ein vogelfreundlicher Garten gleichzeitig auch das Auge ansprechen sollte, sind die Pflanzen jeweils den Jahreszeiten zugeordnet, in denen sie aus gärtnerischer Sicht den schönsten Anblick bieten. So ist z. B. der Kirschbaum im Frühling aufgeführt, da er zu dieser Zeit in voller Blüte steht – auch wenn sich Vögel hauptsächlich durch die Früchte im Spätsommer anlocken lassen. Da allerdings viele Pflanzen in verschiedenen Jahreszeiten im Garten Akzente setzen, sind mitunter auch mehrere Jahreszeiten angeführt. Die Liste ist jedoch keinesfalls vollständig, sondern umfasst lediglich die Pflanzen, die meines Erachtens besonders vogelfreundlich und zugleich attraktiv für den Garten sind.

KAPITEL 1

NUTZEN EINES VOGEL-FREUNDLICHEN GARTENS

Die Frage, welchen Nutzen ein vogelfreundlicher Garten hat, ist leicht beantwortet: Vögel beleben den Garten und bereichern ihn mit ihren Farben und Melodien. Während sie ihr Dasein mit uns teilen, führen sie – genau wie wir – ihr eigenes Leben, nehmen Nahrung zu sich, suchen einen Unterschlupf und ziehen ihren Nachwuchs groß. Was ich dabei am schönsten finde, ist die Tatsache, dass viele von ihnen uns das ganze Jahr über begleiten. Rotkehlchen, Amseln, Spatzen und Heckenbraunellen lassen sich zu jeder Jahreszeit im Garten antreffen. Einige von ihnen, wie z. B. Rotkehlchen, leisten mir sogar bei der Gartenarbeit Gesellschaft. Andere hingegen, wie etwa Spatzen, huschen zwitschernd davon, sobald ich ihnen zu nahe komme. Richtig ans Herz gewachsen sind mir aber vor allem die scheuen kleinen Zaunkönige. Ein Blick auf diese emsigen kleinen Tiere macht mir klar, wie wichtig mein Garten für alle Vögel ist – auch für die, die ich nur selten zu Gesicht bekomme.

Vögel sind aber nicht nur interessant zu beobachten, viele von ihnen leisten uns Gärtnern auch gute Dienste. So sind beispielsweise einige der häufigsten Gartenvögel, wie z. B. Finken, recht anspruchslose Samenfresser. Sie vertilgen eine große Menge an Unkrautsamen, sodass ich weniger Arbeit mit dem Jäten habe und keine chemischen Unkrautvernichtungsmittel benötige. Einige Vögel, wie etwa die Singdrossel, fressen sogar Schnecken, worüber sich ebenfalls jeder Gärtner freut.

Meist sind wir so daran gewöhnt, Vögel in unserer Umgebung zu sehen, dass wir sie kaum noch bewusst wahrnehmen: Das Frühlingslied der Amsel weckt uns bei Tagesanbruch, und beim Umgraben im Winter halten kecke kleine Rotkehlchen nach Würmern Ausschau. Ein Leben ohne diese »alltäglichen« Vögel um mich herum kann ich mir gar nicht vorstellen. Ohne sie wäre die Welt langweilig und trist – ganz zu schweigen von meinem Garten!

Seit einigen Jahren steigt glücklicherweise das Bewusstsein dafür, wie wichtig Parks und Gärten für die Tierwelt sind. Da natürliche Lebensräume und Nahrungsquellen schwinden, werden städtische Grünflächen mehr und mehr zu Rückzugsorten für alle Arten von Wildtieren, darunter auch Vögel. Einem Wanderfalken beispielsweise ist es egal, ob sich sein Nest in der freien Natur oder auf einem Hochhaus befindet, solange der Platz sicher und geschützt ist und es in der Nähe reichlich Beute gibt. Und so finden Wildvögel in Städten und Dörfern zahlreiche potenzielle Lebensräume – von ruhigen Fried- und Kirchhöfen mit altem Baumbestand und sich selbst überlassenen Ecken über Brachflächen und verlassene Bahngleise bis hin zu leer stehenden Gebäuden.

Aufgrund des Verlusts natürlicher Lebensräume und Nahrungsquellen ist der Bestand selbst vieler bekannter Vogelarten in den letzten Jahren erschreckend zurückgegangen. So steht der Haussperling z. B. in Deutschland seit einigen Jahren auf der Vorwarnliste der Roten Liste und Stare, deren Bestand in den letzten 36 Jahren um über 50 Prozent gesunken ist, gelten mittlerweile sogar als gefährdet. Diese einst so häufigen Vögel gehören inzwischen zu den Arten, deren Zahl besorgniserregend schwindet. Heute gilt fast jede zweite der 259 hierzulande regelmäßig brütenden heimischen Vogelarten als bedroht.

Zum Teil lässt sich diese Entwicklung auch auf veränderte Methoden in der Landwirtschaft zurückführen. Experten sind jedoch der Auffassung, dass vor allem in den Städten das fortschreitende Insektensterben und das daraus resultierende verringerte Nahrungsangebot eine große Rolle spielen. Folglich tun wir gut daran, Insekten im Garten zu fördern – und nichts lockt sie besser an als die geeigneten Pflanzen.

Aber auch andere Futterquellen tragen zum Wohl der Vögel bei. So geben beispielsweise deutsche Gartenbesitzer bis zu 20 Millionen Euro jährlich für Vogelfutter, Meisenknödel und Co. aus. Dabei sind Futterhäuschen nur eine Möglichkeit, Vögeln zu helfen, und jede noch so kleine Maßnahme zählt. Futterstellen sind durchaus eine gute Sache, um Vögeln im Winter zusätzliches Futter anzubieten, doch um eine vogelfreundliche Umgebung zu schaffen, in der sie ihr Leben verbringen und selbst Nahrung finden können, ist ein umfassenderer Ansatz erforderlich. Wenn Sie eine große Vielfalt heimischer Pflanzen in ihrem Garten ansiedeln, locken Sie damit nicht nur Vögel an, die sich von diesen Pflanzen ernähren, sondern auch Insekten, die ihnen ebenfalls als Nahrung dienen. Und nicht nur das: Sie werden auch keine Insektizide benötigen, weil die Vögel die Insektenbestände in Schach halten.

Privatgärten sind auch bei der Beurteilung der jährlichen Bestandsentwicklung bestimmter Vogelarten von Bedeutung, beispielsweise durch Vogelzählungen im Rahmen von Informationsveranstaltungen wie »EuroBirdwatch« oder der NABU-Aktion »Stunde der Gartenvögel«. Dabei zählen Naturfreunde in einen bestimmten Zeitraum alle Vögel, die sie in ihren Gärten oder in der freien Natur beobachten, und liefern damit Wissenschaftlern wichtige Daten.

Darüber hinaus bilden Gärten – da sie in der Regel weniger stark mit Pestiziden und anderen Giften belastet sind als landwirtschaftliche Flächen – lebenswichtige »grüne Korridore« für Vögel und Insekten. Stadtgärten bilden mit offenen Flächen wie Parks, Kanälen und Flüssen einen zusammenhängenden Lebensraum. Eine nachhaltige und umweltbewusste Gartenpflege trägt daher viel zum Schutz der Tierwelt in der jeweiligen Region sowie im ganzen Land bei.

Den eigenen Garten vogelfreundlicher zu gestalten ist gar nicht schwer. Wahrscheinlich machen Sie schon jetzt vieles richtig, ohne sich dessen bewusst zu sein. So bieten z. B. dicht verzweigte Sträucher und Hecken vielen Wildvögeln Nahrung, Schutz und Sicherheit. Im Laub auf dem Boden können Heckenbraunellen und Amseln nach Samen und Insekten scharren und Kletterpflanzen sowie dichte Staudenbeete bieten Vögeln wie Zaunkönigen, die ihr halbes Leben auf dem Boden verbringen, Schutz vor Fressfeinden.

o.: Heckenbraunelle ♀

ZAUNKÖNIGE

Der Zaunkönig mag zwar klein und unscheinbar sein, aber nicht ohne Grund schreibt ihm die Fabel eine gewisse Schlauheit zu. So erzählt der griechische Dichter Äsop, wie sich der kleine Vogel im Gefieder des Adlers versteckte, sich höher als dieser in die Lüfte erhob und sich so zum König der Vögel ausrufen ließ. Was dem Zaunkönig, der gerade einmal neun Gramm wiegt, an Größe fehlt, macht er durch Persönlichkeit wett. Seine Stimme, mit der er oft lautstark sein Revier verteidigt, ist für solch einen kleinen Vogel gewaltig. Oft hört man einen Zaunkönig lange, bevor man ihn zu sehen bekommt. Für uns Gärtner ist er zudem ein wunderbarer Kamerad, da er selbst im Winter sein Lied singt. Aus diesem Grund wurde er lange Zeit auch »Schneekönig« genannt, wovon die Redensart »sich wie ein Schneekönig freuen« herrührt.

Den Zaunkönig im Garten zu entdecken ist nicht ganz einfach, weil sich die Vögel gern versteckt halten. Am besten halten Sie früh oder spät am Tag nach ihnen Ausschau, denn Zaunkönige hüpfen am liebsten in der Dämmerung am Boden umher und huschen von Gebüsch zu Gebüsch. Häufig folgen sie dabei dem immer glei-

chen Weg. Bemerkenswert ist ihr Nistverhalten, denn häufig nisten Zaunkönige an recht ungewöhnlichen Orten wie in der Tasche eines alten Mantels, der im Gartenhäuschen hängt. Seit mehreren Vogelgenerationen haben sich beispielsweise Zaunkönige in meinem alten Schuppen eingenistet, und die ersten Flugversuche der Jungvögel, die sich wagemutig vom Fenstersims auf den Griff des alten Rasenmähers stürzen, sind einfach herrlich anzusehen.

Das Männchen baut im Jahr sechs oder sieben kugelförmige Nester aus Gras und Moos. Das Weibchen inspiziert daraufhin die Auswahl und kleidet das Nest seiner Wahl mit Haaren und Federn aus. Die erste Brut schlüpft im Frühjahr. Danach kann das Paar erneut nisten, und die flügge gewordenen Jungvögel aus der ersten Brut helfen sogar bei der Fütterung der zweiten. Emsig bringen die winzigen Vögel dabei Leckerbissen wie Insekten, Spinnen, Tausendfüßer und kleine Schnecken zum Nest. Aber was passiert mit den ungenutzten Nestern? Sie sind nicht umsonst gebaut worden. Denn das fleißige Zaunkönigmännchen hat oft bis zu drei Weibchen in seinem Revier!

KAPITEL 2

INTERESSANTE FAKTEN ÜBER VÖGEL

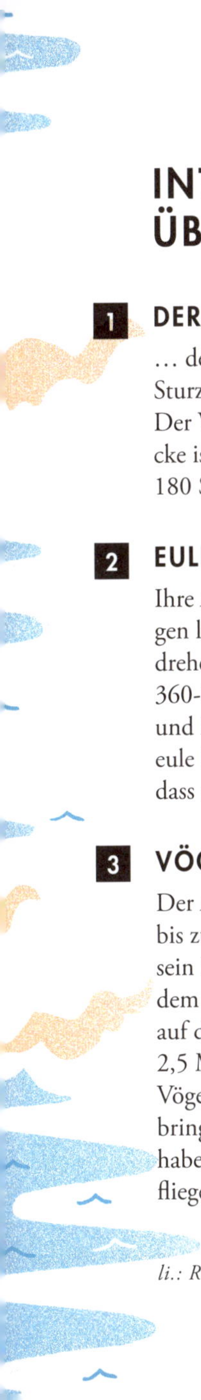

INTERESSANTE FAKTEN ÜBER VÖGEL

1 DER SCHNELLSTE VOGEL DER WELT IST …

… der Wanderfalke. Bei der Jagd vollführt er spektakuläre Sturzflüge, bei denen er bis zu 390 Stundenkilometer erreicht. Der Vogel mit der höchsten Geschwindigkeit auf gerader Strecke ist hingegen der Mauersegler: Der »flotte Flieger« ist bis zu 180 Stundenkilometer schnell!

2 EULEN KÖNNEN IHRE AUGEN NICHT BEWEGEN

Ihre Augäpfel sind röhrenförmig, sodass sie sich nicht gut bewegen lassen. Allerdings können Eulen ihren Kopf um 270 Grad drehen – weiter als jedes andere Tier –, wodurch sie einen 360-Grad-Rundumblick haben. Viele Eulen jagen bei Nacht und hören deshalb besonders gut. Einige wie z. B. die Schleiereule haben sogar asymmetrisch angeordnete Ohröffnungen, sodass sie ihre Beute noch genauer orten können.

3 VÖGEL KÖNNEN LANGE AM STÜCK FLIEGEN

Der Albatros, der größte flugfähige Vogel, fliegt an einem Tag bis zu 965 Kilometer. Wenn ein Albatrosjunges das erste Mal sein Nest verlässt, zieht es mindestens sieben Jahre lang über dem Meer seine Kreise, ehe es wieder an Land kommt. Allein auf diesem Jungfernflug legt ein Albatros im Schnitt rund 2,5 Millionen Kilometer zurück. Aber auch »gewöhnlichere« Vögel können sich lange Zeit in der Luft aufhalten. So verbringen z. B. Rauchschwalben, nachdem sie ihr Nest verlassen haben, die ersten vier Jahre fliegend, und auch Mauersegler fliegen rund zehn Monate im Jahr ohne Bodenkontakt.

li.: Rauchschwalbe ♂♀

4 VÖGEL STAMMEN VON DINOSAURIERN AB

Fossilien belegen, dass Vögel so manche Gemeinsamkeit mit Dinosauriern haben, darunter hohle Knochen sowie Nestbau- und Brutverhalten. Einige Dinosaurier hatten sogar voll entwickelte Federn, die Vogelfedern sehr ähneln. Am nächsten verwandt mit den heutigen Vögeln war der Archaeopteryx, der vor etwa 147 Millionen Jahren lebte. Zwar besaß auch er schon Flügel, von den späteren Vögeln unterschied er sich jedoch durch seine Zähne und einen langen knöchernen Schwanz.

5 DER WELTWEIT GIFTIGSTE VOGEL IST ...

... der in Neuguinea heimische Zweifarbenpirol, der zu den wenigen giftigen Vögeln zählt. Das Gift Homobatrachotoxin ist in seiner Haut und in den Federn enthalten.

6 BRIEFTAUBEN IM KRIEGSEINSATZ

Da sich früher andere Kommunikationsmittel oft als unzuverlässig erwiesen, übernahmen Brieftauben die Aufgabe, Tausende von Nachrichten von den Gefechtslinien an der Front zu übermitteln. Mehrere Hunderttausend Tauben wurden in beiden Weltkriegen beispielsweise hierfür eingesetzt. In Großbritannien sind 32 davon sogar mit der Dickin Medal – der höchsten britischen Ehrung für Tiere im Kriegseinsatz – ausgezeichnet worden. Darüber hinaus können Tauben auch menschliche Gesichter erkennen und offenbar sogar lesen lernen! So haben Wissenschaftler festgestellt, dass Tauben über 50 Wörter erkennen und Wörter von Nichtwörtern unterscheiden können.

7 KRÄHEN UND RABEN SIND EXTREM INTELLIGENT

Krähen benutzen Werkzeuge und lösen Logikrätsel, während Raben ihr Vorgehen bei bestimmten Aufgaben sogar im Voraus planen – eine Eigenschaft, die bisher nur Menschen zugeschrieben wurde. Krähen sind außerdem sehr gut im Erlernen von adaptivem Verhalten. So sind sie z. B. dafür bekannt, sich die Routen der Müllabfuhr zu merken, um an leckere Snacks zu gelangen.

8 ZUGVÖGEL REISEN ÜBER WEITE STRECKEN

Weltweit gibt es etwa 4000 Zugvogelarten. Insgesamt machen sie 40 Prozent aller Vögel aus. Pro Jahr sind weltweit etwa 50 Milliarden Zugvögel auf Wanderschaft, davon sind ungefähr fünf Milliarden zwischen Europa und Afrika unterwegs. In Deutschland sind etwa die Hälfte der hier brütenden Vögel Zugvögel. Einige wandern im Winter in wärmere Gefilde, andere kommen im Herbst aus kälteren Klimazonen wie Skandinavien, um hier zu überwintern. Manche Vögel wandern auch vertikal, das heißt, sie brüten im Sommer in höheren Lagen und verbringen den Winter in Tieflandgebieten.

9 STARE SIND IMITATIONSKÜNSTLER

Stare sind nicht nur gute Sänger, sondern auch hervorragende Imitatoren und können die Gesänge anderer Vögel nachahmen. Auch die Rufe von Fröschen und Säugetieren und sogar mechanische Geräusche wie aufheulende Motoren imitieren sie.

10 MANCHE VÖGEL »BADEN« IN AMEISEN

Einige Vogelarten wie z. B. Krähe, Häher und Amsel »baden« bisweilen in Ameisenhaufen und lassen lebende Ameisen auf sich herumkrabbeln. Den Zweck dieser »Ameisenbäder« hat die Wissenschaft bislang noch nicht enträtselt, man nimmt aber an, dass die Ameisensäure, die dabei abgesondert wird, die Vögel von Läusen und anderen Parasiten befreit.

STRASSEN-, RINGEL- UND TÜRKENTAUBEN

Straßentauben, die heute viele Städte förmlich überschwemmen, sind das Ergebnis einer jahrhundertelangen Taubenzucht. So wurden in Taubenschlägen einst Hunderte von Jungtauben gehalten, die damals ein Grundnahrungsmittel waren. Später wurde die Taubenzucht zu einem beliebten Hobby. Straßentauben kommen in zahlreichen Farbvarianten vor – von weiß gesprenkelt bis Braun und (fast) Schwarz –, am häufigsten sind sie jedoch grau. Sie brüten fleißig und erfolgreich und ziehen pro Saison mehrere Gelege auf. Zudem sind sie wahre »Fressmaschinen«. Ich selbst habe schon einmal eine dicke Taube in einem Johannisbeerstrauch beobachtet, wie sie systematisch Beere für Beere abpflückte, bis der Strauch vollständig abgeerntet war. Wer diese schönen Vögel jedoch nur als Plage ansieht, tut ihnen Unrecht. Schließlich leisten sie der Menschheit als Brieftauben schon seit der Antike treue Dienste.

Ganz ähnlich wie Straßentauben sehen Ringeltauben aus. Im Vergleich sind sie eher etwas größer, haben einen weißen Halsstreifen und weiße Flügelbänder. Sie sind scheuer als Straßentauben, lassen sich aber ebenfalls häufig im Garten antreffen.

Besonders haben es mir aber die Türkentauben – mit ihrem sanften Gurren – angetan. Mit ihrem blassbraunen Gefieder und ihrem charakteristischen schwarzen Nackenstreifen sind auch sie leicht von Straßentauben zu unterscheiden. Obwohl man sie im Sommer häufig hört, haben sie sich in Deutschland erst in der Mitte der 1940er-Jahre angesiedelt. Seither haben sie sich jedoch rasch ausgebreitet und inzwischen wird ihr Bestand hierzulande mit 100 000 bis 186 000 Brutpaaren angegeben.

re.: Türken- und Ringeltauben

KAPITEL 3

VOGEL-FREUNDLICHE LEBENSRÄUME

Vögel leben an vielen verschiedenen Orten – von hohen Bergen und dichten Wäldern bis hin zu weiten Wüsten und winzigen Meeresinseln. Viele von ihnen verlassen ihre heimischen Lebensräume, die sich nur auf einige Quadratkilometer beschränken, nie. Andere hingegen ziehen im Winter – bisweilen mehrere Zehntausend Kilometer weit – in wärmere Regionen, kehren aber jedes Jahr zu ihren angestammten Brutgebieten zurück. Wenn man z. B. einer Schwalbe im Garten zusieht, wie sie pfeilschnell umherschießt, um Insekten im Flug zu fangen, kann man sich kaum vorstellen, welch immense Strecken dieser kleine Vogel in seinem Leben schon zurückgelegt hat!

Praktisch ist, dass man gar nicht weit reisen muss, um interessante Vögel zu beobachten. Ob im Park oder an der Bushaltestelle – überall sind sie zu sehen und so allgegenwärtig, dass wir sie fast gar nicht mehr bewusst wahrnehmen. Sie müssen nur aus dem Fenster schauen! Und so bietet auch der heimische Garten – egal wie klein er vielleicht sein mag – Lebensraum für eine Vielzahl von Vögeln. Umso mehr, wenn Sie ihn vogelfreundlicher gestalten. Selbst wenn gewöhnlich nur rund 40 Vogelarten regelmäßig in deutschen Gärten anzutreffen sind, gibt es immer wieder Überraschungen. Hierzulande sind über 300 Vogelarten heimisch, sodass man nie genau wissen kann, welcher Vogel sich vielleicht im Garten einfindet, um sich z. B. über die Beeren einer Stechpalme herzumachen.

Egal wo Ihr Garten liegt – überall stellen Vögel die gleichen Ansprüche an ihren Lebensraum. Und vieles von dem, was sie zum Leben benötigen, können Sie ihnen in Ihrem Garten bieten. An erster Stelle steht dabei eine vogelfreundliche Bepflanzung, die aus mehreren Gründen wichtig ist. So bieten dicht

re.: Singdrossel ♀

verzweigte Hecken, Bäume und Sträucher unseren gefiederten Freunden einen vor Fressfeinden geschützten Unterschlupf, um sich auszuruhen, zu schlafen und zu nisten.

Darüber hinaus dient ein vogelfreundlich bepflanzter Garten den verschiedensten Arten von Vögeln als »Speisekammer«. Hier finden sie Samen und Beeren, aber auch Insekten und andere Tiere, die den meisten Vögeln als willkommene Nahrung dienen. Vermutlich werden Sie schon einige geeignete Gewächse in Ihrem Garten haben, doch meist geht auch noch ein bisschen mehr. Wenn Sie konkret darüber nachdenken, Ihre Gartenbepflanzung vogelfreundlicher zu gestalten, gilt es, die richtige Wahl zu treffen. Versetzen Sie sich in die Situation von einem Vogel und überlegen Sie, wie Sie Ihren Garten zu einem ganzjährigen Vogelparadies mit einem reichen Nahrungsangebot machen können.

BALKONE UND FENSTERBÄNKE

Um den Platz auf Balkonen und Fensterbänken bestmöglich zu nutzen, kann es schon ausreichen, eine Blumenampel oder einen Blumenkasten und ein paar Meisenknödel bzw. eine Futtersäule aufzuhängen. Selbst kleine Futter- und Rastplätze können Vögel anlocken – vor allem, wenn sie sich in Flughöhe der Tiere befinden. Vermutlich haben Sie mehr Platz für Pflanzen, als Sie auf den ersten Blick erkennen, vielleicht sogar für ein kleines Bäumchen in einem Topf oder Kübel. Je mehr Gewächse Sie unterbringen, desto vogelfreundlicher werden Ihr Balkon und Ihre Fensterbank.

KLEINE GÄRTEN

Problemlos werden selbst kleine Gärten zu einem gut besuchten Anziehungspunkt für Vögel, vor allem wenn sie zusammen mit benachbarten Gärten einen »grünen Korridor« bilden, durch den Vögel geschützt von einem Garten in den nächsten gelangen können. Auch kleine Gärten bieten zahlreiche Möglichkeiten, um Vögel anzulocken. So können Sie z. B. einen niedrig wachsenden Baum oder Sträucher pflanzen, die Vögeln Deckung und Nahrung bieten. Vielleicht haben Sie ja auch Platz für einen kleinen Teich oder ein Sumpfbeet, an dem die Tiere Wasser zum Trinken und Baden finden. Darüber hinaus lockt dies auch Insekten an, die Vögeln als Nahrung dienen.

GRÖSSERE GÄRTEN

In einem größeren Garten finden auch höhere Bäume und ausladendere Sträucher Platz und laden Vögel ein, hier ihr Revier abzustecken. Auch weitere vogelfreundliche Gartenelemente sind in größeren Gärten leichter unterzubringen – sei es eine Beerenhecke oder eine Wildblumenwiese. Legen Sie beispielsweise eine Rabatte mit samentragenden Gräsern und Stauden an, die Vögeln im Winter Nahrung bieten und in der kalten Jahreszeit den Garten verschönern. Am besten siedeln Sie diese Pflanzen auch direkt in Hausnähe an, damit Sie Ihre gefiederten Besucher bequem beobachten können.

DENKEN SIE WIE EIN VOGEL!

Die wichtigsten Elemente einer vogelfreundlichen Gartengestaltung lassen sich ganz einfach bewerkstelligen:

EIN GESCHÜTZTER UNTERSCHLUPF sorgt dafür, dass sich Vögel in Ihrem Garten sicher fühlen. So finden sie genug Deckung, um sich auszuruhen, zu schlafen und sich zu putzen. Zudem benötigen sie einen sicheren Ort zum Nisten und zur Aufzucht ihrer Jungen. Den nötigen Schutz bieten vor allem Bäume und Sträucher. Aber auch Kletterpflanzen wie Geißblatt und Klematis, die an Spalieren gezogen werden, können hervorragende Nistplätze sein. Und natürlich können Sie zusätzliche auch Nistkästen aufhängen.

GEEIGNETE NAHRUNGSQUELLEN sind ebenfalls unverzichtbar. So kann Ihr Garten einen Großteil dessen liefern, was Vögel für ihre tägliche Ernährung benötigen. Natürlich können Sie auch ein Futterhäuschen aufstellen. Vor allem sollte aber der Garten selbst eine dauerhafte Nahrungsquelle sein. Wichtig hierbei sind Bäume, Sträucher und Kletterpflanzen, die Früchte tragen. Auch zahlreiche Einjährige liefern Samen, von denen sich viele Vogelarten ernähren. Lassen Sie im Spätsommer und Herbst, wenn das Nahrungsangebot knapp wird, einfach die Samenköpfe stehen. Dies kommt auch insektenfressenden Vögeln zugute. Schließlich ziehen die Pflanzen zahlreiche Insekten an, die wiederum vielen Vögeln als Nahrung dienen.

WASSER lieben Vögel in jedweder Form – sei es ein Teich, eine Vogeltränke oder auch nur ein Wasserschälchen am Futterplatz. Zwar können Vögel auch in Pfützen trinken und baden, doch es ist einfach herrlich, sie dabei zu beobachten. Ein gründliches Vogelbad kann schon eine geraume Zeit dauern, sodass Sie das possierliche Treiben in Ruhe bewundern können.

re.: Zaunkönig ♀

SPERLINGE UND HECKENBRAUNELLEN

Diese kleinen Vögel zählen bei uns zu den häufigsten Gartenbesuchern. Zwar fallen sie wegen ihres unscheinbar braun und grau getönten Gefieders vielen kaum auf, doch mit Sicherheit gibt es auch in Ihrer Umgebung mehrere Exemplare davon.

Haussperlinge – auch Spatzen genannt – leben seit Jahrtausenden an unserer Seite und haben sich bereits am Saatgut der allerersten Ackerbauern »bedient«. Die geselligen Vögel nisten gern in Kolonien. Häufig finden sie sich auch in kleinen Gruppen zusammen, die sich aber schnell zerstreuen, wenn man sie versehentlich aufschreckt. Wenn sie sich beispielsweise in einem Brombeerstrauch oder im Futterhaus zusammendrängen, sich fröhlich zwitschernd unterhalten und bisweilen auch zanken, erinnern sie mich stets an eine Clique von Schulkindern auf dem Pausenhof.

Feldsperlinge sind den Haussperlingen sehr ähnlich, aber in der Regel scheuer und eher in ländlichen Gegenden anzutreffen. Leider sind die Bestände dieser beiden Vogelarten rückläufig. Verantwortlich hierfür sind neben einem schwindenden Nahrungsangebot und einem bedrohten natürlichen Lebensraum auch bestimmte Praktiken der modernen Landwirtschaft sowie der Einsatz von Insektiziden. Geeignete Lebensräume und Futterstellen in privaten Gärten sind daher umso wichtiger.

Gleiches gilt auch in Bezug auf die kleinen, graubraunen Heckenbraunellen, die man häufig unter Hecken oder Sträuchern auf der Jagd nach Insekten sieht. Neben den Krabbel-

re.: Haussperling ♂

tieren fressen sie – ebenso wie Sperlinge – im Winter auch Samen und Beeren.

Ihre Nester bauen sie in dicht belaubten Büschen und Hecken, häufig bis zu eineinhalb Meter über dem Boden. Anders als Haussperlinge sieht man sie eher einzeln oder in kleinen Gruppen von zwei oder drei Vögeln. Trotz ihrer »ruhigen Art« haben sie ein umtriebiges Sexualverhalten, denn Männchen wie Weibchen paaren sich im Lauf der Saison häufig mit mehreren Partnern.

KAPITEL 4

MEHR-SCHICHTIGE BEPFLANZUNG

Vielleicht haben Sie ja den Eindruck, dass sich Vögel nicht sonderlich für Ihren Garten interessieren. Denn nur die wenigsten machen dort halt, die meisten fliegen stattdessen nur darüber hinweg. Dennoch sind alle Gärten ein potenzieller Lebensraum für gefiederte Gartenbewohner bzw. -besucher. Und mit nur ein paar einfachen Maßnahmen können Sie Ihren Garten zu einem attraktiven Paradies für Vögel verwandeln.

Wenn Sie Ihren Garten einmal mit etwas Abstand aus einer anderen Perspektive betrachten, werden Sie überrascht sein, was er bereits alles zu bieten hat. Besonders wichtig ist dabei eine Bepflanzung in unterschiedlichen Ebenen. Damit ist genau das gemeint, wonach es klingt: Pflanzen in verschiedenen Ebenen, die sich vom Boden bis in die Höhe erstrecken. Eine solche Bepflanzung bietet vielen Tieren Deckung und ermöglicht es Vögeln, sicher von einem Ort zum nächsten zu gelangen.

DIE VERSCHIEDENEN EBENEN

Eine mehrschichtige Bepflanzung erweitert den Garten um eine dritte Dimension. Statt den Garten nur von vorn nach hinten in seiner Tiefe zu betrachten, sollten Sie auch niedrig- und hochwachsende Pflanzen in Ihre Gestaltung einbeziehen. Die oberste Ebene bilden Bäume. Eine Gruppe von mehreren Bäumen wäre ideal, doch schon ein einziger Baum im Garten kann für Vögel sehr nützlich sein. So können z. B. Amseln in der Spitze seines Geästs ihre morgend- und abendlichen Lieder anstimmen und Meisen in den Zweigen nach kleinen Spinnen und Raupen suchen. Darüber hinaus dient ein Baum Tauben und Krähenvögeln als Brutplatz mit hervorragender Rundumsicht.

li.: Blaumeise, Buntspecht

Die nächste Ebene besteht aus Sträuchern und Kletterpflanzen. Sie bilden mit ihren Blättern, Zweigen und Ästen einen dicht verzweigten »Unterwuchs«, der kleineren Vögeln das ganze Jahr über Schutz vor Fressfeinden bietet. Auf diese Weise entsteht eine Art »natürlicher Waldrand« mit Pflanzen in unterschiedlichen Wuchshöhen. Blaumeisen etwa flitzen gern von Busch zu Busch, wobei sie die Zweige schon fast als Sprungbrett benutzen. Auch Hecken spielen in dieser Ebene eine wichtige Rolle. Vor allem wenn sie schon älter sind und Früchte tragen, werden sie von vielen Vögeln gern besucht. Darüber hinaus bieten dicht wachsende Hecken vor allem in der Nistzeit hervorragende Verstecke. Daher ist es wichtig, zur Brutzeit auf den Heckenschnitt zu verzichten. Idealerweise sollte der Schnitt so erfolgen, dass die Zweige etwas dichter wachsen und auch noch Früchte tragen dürfen.

Die unterste Ebene umfasst den Rasen, einjährige und ausdauernde Pflanzen in den Rabatten und macht den Großteil des Gartens aus. Hier können Sie in kürzester Zeit sehr viel bewirken – vor allem, indem Sie der Natur einfach öfter einmal ihren Lauf lassen: Lassen Sie die Samenstände stehen und den Rasen an manchen Stellen etwas höher wachsen. Auf diese Weise wird der Garten zu einem Paradies für Insekten, von denen sich zahlreiche Vögel ernähren.

Durch Bienen, Schmetterlinge, Nachtfalter, Schwebfliegen und andere Tiere, die eine solche Bepflanzung anlockt, entsteht ein vielfältiges Ökosystem, das nicht nur Gartenvögeln Nahrung bietet, sondern auch noch schön anzusehen ist.

GARTENPLANUNG UND BEPFLANZUNG

Bei der Gartenplanung gilt es, eine einfache Faustregel zu beherzigen: In der Mitte sollte ein offener Gartenbereich – wie z. B. eine Rasenfläche oder eine Sitzecke – liegen, rundherum können Sie den Garten dann in verschiedenen Ebenen bepflanzen. Diese Regel funktioniert unabhängig von der Größe Ihres Gartens und lässt sich selbst in einem mit Pflanzkübeln und -töpfen bestückten Hinterhof oder auf dem Balkon verwirklichen.

GARTENGRENZEN sind perfekte Lebensräume für Vögel – vor allem wenn auch die Nachbarn passionierte Gärtner sind. Pflanzen Sie hier wenn möglich eine Hecke oder verschiedene blühende und fruchttragende Sträucher an, die Vögeln geschützte Bereiche und Nistplätze bieten. An Zäune und Mauern können Sie stattdessen Kletterpflanzen wie Geißblatt und Blauregen oder Sträucher wie Feuerdorn setzen. Auch an Mauern gezogenes Spalierobst ist eine gute Möglichkeit.

BÄUME bieten Unterschlupf, Rastplätze und Schutz vor am Boden lebenden Fressfeinden wie z. B. der Nachbarskatze. Selbst der kleinste Garten bietet Platz für einen Baum – solange er nicht allzu ausladend wächst. Informieren Sie sich daher stets vorab, schauen Sie sich in Parks und anderen Gärten um und lesen Sie beim Kauf sorgfältig die Etiketten. Wer nur sehr wenig Platz hat, greift einfach zu Bäumchen in Pflanzkübeln.

KRAUTIGE PFLANZEN füllen den Raum zwischen Bäumen und Sträuchern sowie zur offenen Fläche in der Gartenmitte hin. Die Auswahl an reizvollen Stauden, die sich für die verschiedensten Böden und Standorte eignen, ist riesig. Greifen Sie jedoch möglichst zu Sorten mit ungefüllten Blüten, da sie mit ihrem leicht zugänglichen Nektar- und Pollenangebot Insekten anziehen und somit auch viele Vögel, die sich von ihnen ernähren. Achten Sie außerdem darauf, Pflanzen zu wählen, die reichlich Samen für Vögel hervorbringen. Ziergräser sorgen für Deckung am Boden und bieten Nistmaterial.

EIN RASEN mag zwar nicht wie ein vielfältiger Lebensraum wirken, doch wenn darin Wildblumen wie Klee und Löwenzahn blühen, wimmelt es nur so vor Insekten, die viele Vögel anziehen.

EINE WIESE ist eine wunderbare Bereicherung für jeden Garten. Entweder lassen Sie einfach das Gras etwas höher wachsen oder Sie graben die Erde um und säen eine fertig zusammengestellte Wiesenblumenmischung aus.

WELCHE PFLANZEN PASSEN IN MEINEN GARTEN?

Jeder Garten ist anders – ob sonnig oder schattig, trocken oder feucht oder eine Mischung verschiedener Boden- und Standortverhältnisse. Hiervon abhängig ist auch die Wahl der Pflanzen. Eine wichtige Rolle spielt dabei die Ausrichtung des Gartens. Ist er nach Süden hin ausgerichtet, bekommt er fast immer Sonne ab, ist generell wärmer und eignet sich daher für eher sonnenliebende Pflanzen wie Lavendel. Ein nach Norden ausgerichteter Garten hingegen liegt im Winter fast gänzlich im Schatten, wird entsprechend kalt und eignet sich für robuste Schattenliebhaber und winterharte Pflanzen. Auch wenn Ihr Garten von Bäumen oder Gebäuden beschattet wird, benötigen Sie eher Schatten liebende Pflanzen bzw. solche, die auch im Halbschatten von Bäumen noch gut gedeihen.

DIE RICHTIGE PFLANZENWAHL

Die Auswahl an Pflanzen – auch solchen für den vogelfreundlichen Garten – ist so groß, dass man oft gar nicht weiß, womit man beginnen soll. Dabei sollte nicht nur der eigene Geschmack entscheiden, vor allem Wuchshöhe und -breite sollten zu Ihrem Garten passen. Denn bestimmt möchten Sie keine Stauden pflanzen, die mit der Zeit das ganze Gartenbeet einnehmen, oder einen zu ausladend wachsenden Baum, der mit den Jahren stark zurückgeschnitten oder gar gefällt werden muss. Schränken Sie Ihre Auswahl allerdings auch nicht schon von vornherein zu stark ein. Denn selbst in einem kleinen Garten finden überraschend viele unterschiedliche Pflanzen Platz. Denken Sie daran: Vögel lieben eine große Artenvielfalt – das Motto lautet also »je mehr, desto besser«.

Wählen Sie außerdem Pflanzen, die zu unterschiedlichen Jahreszeiten blühen und Früchte tragen, sodass Ihr Garten das ganze Jahr über zum Anziehungspunkt für verschiedene Vogelarten wird. Besonders im Frühling und im Sommer spielen insektenfreundliche Blühpflanzen eine große Rolle, denn dann benötigen Vögel besonders viele Insekten als Futter für ihren Nachwuchs. Die Beispiele in den Kapiteln 5 bis 8 helfen Ihnen bei der passenden Auswahl.

Bevor Sie also viel Geld, Zeit und Mühe in Pflanzen investieren, die bei Ihnen eventuell nicht gedeihen, nicht zur Größe Ihres Gartens passen oder dort nicht die gewünschte Wirkung erzielen, sollten Sie die vorherrschenden Bedingungen in Ihrem Garten kennen und die Pflanzenetiketten sorgfältig lesen.

ETIKETTEN RICHTIG LESEN

Achten Sie beim Pflanzenkauf besonders auf die Etiketten. Denn sie enthalten – entweder als Text oder in Form von Symbolen – so gut wie alle Informationen, die Sie für die Auswahl benötigen.

NAME: Auf der Vorderseite des Etiketts ist in der Regel die Pflanze abgebildet und ihr deutscher Name sowie die lateinische (botanische) Bezeichnung angegeben, um Verwechslungen zu vermeiden.

GRÖSSE UND WUCHSFORM: Meist mit einem entsprechenden Symbol versehen, gibt das Etikett auch die Wuchsform und Größe der Pflanze im ausgewachsenen Zustand an.

BESCHREIBUNG: Sie informiert über die Art der Pflanze (Staude, Baum etc.) sowie charakteristische Besonderheiten wie z. B. Herbstfarbe oder Saison (häufig ist dies die Blütezeit).

STANDORT: Wie viel Sonne die jeweilige Pflanze benötigt (Sonne, Halbschatten, Schatten), ist meist als Symbol ausgewiesen bzw. knapp beschrieben. Die entsprechenden Angaben haben folgende Bedeutungen:

Sonne: Die Pflanze benötigt für ein optimales Wachstum täglich mindestens sechs Stunden direktes Sonnenlicht.

Halbschatten: Entsprechende Gewächse brauchen etwa drei Stunden Sonne am Tag.

Schatten: Idealerweise stehen entsprechend gekennzeichnete Pflanze durchgehend im Schatten. Häufig vertragen sie aber auch einen halbschattigen Standort, solange sie nicht direkt von der Sonne beschienen werden.

WASSERBEDARF: In der Regel zeigt ein Gießkannen- oder Tropfensymbol an, wie viel Wasser eine Pflanze benötigt. Manchmal ist diese Angabe jedoch auch in der Pflanzenbeschreibung enthalten, z. B. »benötigt einen wasserspeichernden Boden« oder »wöchentlich gießen«.

WINTERHÄRTE: Bisweilen findet man auf dem Etikett auch Angaben zu Frosthärte und empfohlenem Winterschutz. Oft wird dabei der Temperaturbereich, den die Pflanze verträgt, mit einem entsprechenden Thermometersymbol angegeben.

von links: Rosmarin, Dill, Witwenblume

AMSELN

Eine Amsel werden Sie früher oder später bestimmt in Ihrem Garten entdecken. Allerdings sind diese Singvögel recht vorsichtig, wenn sie auf dem Rasen Insekten fangen oder unter Sträuchern nach Nahrung suchen. Sobald die Tage länger werden, erfüllen sie den Garten mit ihrem Gesang. Und der ist so schön, dass es nicht verwundert, dass die Beatles der Amsel (engl. blackbird) einen eigenen Song gewidmet haben. Häufig singen sie schon sehr früh in der Saison – und sehr früh am Tag –, meist um ihr Revier zu markieren. Das Amselmännchen ist leicht auszumachen – mit seinem goldgelben Schnabel und dem glänzenden schwarzen Gefieder ist es eine echte Schönheit. Das Weibchen hingegen ist unscheinbar braun und wird oft mit der verwandten Singdrossel verwechselt. Das Amselpaar brütet mehrmals in der Saison und bleibt in der Regel das ganze Leben – etwa drei bis vier Jahre – zusammen. Amseln fressen hauptsächlich am Boden, suchen im Laub nach Insekten und ziehen bisweilen auch Regenwürmer aus der Erde. Sie ernähren sich jedoch auch von Samen und Beeren. In meinem Garten beobachte ich oft ein Amselmännchen, wie es auf dem Giebel des Gartenhäuschens sitzt und singt oder unter dem Kirschbaum umhersucht. Es ist sehr schreckhaft und sobald es in Deckung geht, lässt es seinen typischen Alarmruf erklingen, doch sein Gesang ist eine wahre Freude!

DROSSELN

Drosseln gehören zu den häufigsten Gartenvögeln und kommen in zahlreichen Unterarten vor, die alle ähnliche Merkmale aufweisen. Das häufigste Mitglied der Drosselfamilie ist die Amsel. Aber bestimmt haben Sie auch schon einmal den zauberhaften Gesang der Singdrossel oder ihrer etwas größeren Cousine, der Misteldrossel, vernommen. Allerdings sind sie schwerer zu entdecken, da sie mit ihrer gesprenkelten Brust und einem braunen Rücken hervorragend getarnt sind. Drosseln sind hauptsächlich Baumbewohner, sind aber oft auch auf dem Boden anzutreffen, wo sie nach Würmern, Schnecken oder – im Herbst – nach Beeren suchen. Letztere sind besonders beliebt und die Misteldrossel ist sogar nach ihrer Lieblingsnahrung, den Mistelbeeren, benannt, die sie mit ihrem Kot verbreiten.

Andere Drosseln sieht man bei uns für gewöhnlich meist nur im Winter, so etwa die große Wacholderdrossel mit ihrer ockergelben Brust und die deutlich kleinere Rotdrossel. Wenn es Herbst wird, kann man beide Arten in großen Schwärmen am Himmel sehen. Aus Island und Skandinavien fliegen sie zum Überwintern nach Mitteleuropa und fallen dort über Beerenbäume und -büsche wie etwa Stechpalmen her, fressen sie innerhalb weniger Tage leer und ziehen dann weiter.

li.: Amsel ♂ ♀

KAPITEL 5

FRÜHLINGS-VÖGEL UND -PFLANZEN

Mein Interesse an Vögeln wurde geweckt, als ich morgens im Frühling im Bett lag und dem Gezwitscher vor meinem Fenster lauschte. Es gibt kaum ein sichereres Zeichen für das Erwachen des Frühlings, als wenn ihn die Vögel im Garten lautstark ankündigen. In meiner Straße erfüllt dann ein lebhaftes Vogelkonzert die Gärten. Über Wochen hinweg lasse sich mich vom frühmorgendlichen Vogelchor wecken, wenn verschiedene Vogelarten lauthals um Partner und Reviere konkurrieren. So lausche ich gerne dem melodischen Gesang der Amsel und teile ihre Freude an den ersten Sonnenstrahlen und dem erwachenden Leben. Die Initiative »DAWN CHORUS« (https://dawn-chorus.org) ruft beispielsweise sogar die Menschen dazu auf, den Vogelgesang vor ihrer Haustür aufzunehmen und auf einer Online-Plattform zu teilen. Die Aufnahmen ergänzen zudem eine wissenschaftliche Datenbank zur Biodiversitätsforschung.

Dass die Vogelwelt im Frühjahr besonders lebendig ist, hat einen Grund: Denn dies ist die Zeit, in der sich die Vögel paaren und ihre Nester bauen. Daher stehen in diesen Wochen die Chancen auch besonders gut, verschiedene Vogelarten zu beobachten und sie in Ihren eigenen Garten zu locken. Wenn Sie es nicht bereits getan haben, können Sie jetzt Nistkästen aufhängen. Auch Hecken und Bäume sollten in dieser Zeit keinesfalls beschnitten werden, um nistende Vögel nicht zu stören. Achten Sie jetzt besonders darauf, dass sich die Vögel in Ihrem Garten sicher und wohlfühlen – vor allem auch, da einige wie z. B. Blaumeisen zum Nisten und Brüten Jahr für Jahr an denselben Ort zurückkehren. Wenn Sie möchten, können Sie Rotkehlchen und Zaunkönigen auch einen Platz in einem ungenutzten Schuppen oder Gartenhäuschen anbieten, indem Sie eine Fensterscheibe entfernen oder in einem Regal für sie etwas Platz freiräumen.

re.: Zaunkönig ♂

VÖGEL IM FRÜHLING

Heimische Vögel wie Meisen, Finken und Drosseln suchen im Frühling eifrig nach Futter für ihre Jungen und besuchen deshalb regelmäßig die in Gärten aufgehängten oder aufgestellten Futterstellen. Im Lauf des Frühjahrs kommen auch immer mehr Zugvögel aus ihren afrikanischen Winterquartieren zurück wie z. B. Mehlschwalben und Mauersegler. Sie lassen sich vor allem abends gut beobachten, wenn sie durch die Luft flitzen, um Insekten zu fangen.

Vielleicht hören Sie auch den typischen Ruf eines Kuckucks – nicht zu verwechseln mit dem »Gurugu« der Türkentaube. Auch die Zahl der Distelfinken (Stieglitze), die sich im Garten sehen lassen, ist im Spätfrühling beachtlich. Zum Teil kommen sie aus Regionen mit strengeren Temperaturen zum Überwintern nach Süd- und Westeuropa und kehren im Frühling in Schwärmen in ihre Brutgebiete zurück. Da sie in dieser Jahreszeit auf dem Land eher wenig Nahrung finden, sind sie auf Gartenpflanzen und Futterstellen angewiesen.

DAS KÖNNEN SIE TUN

• Richten Sie Futterstellen für fleißige Vogeleltern ein, die nun viele hungrige Schnäbel zu stopfen haben. Im Spätfrühling können Sie auf spezielle Sommerfuttermischungen umstellen, die z. B. Haferflocken und energiereiche Sonnenblumenkerne enthalten.

• Sobald es wärmer wird, können Sie Wasserschälchen bereitstellen, in denen Vögel baden und trinken können. Achten Sie darauf, das Wasser regelmäßig auszutauschen. Es sollte stets frisch und sauber sein, damit die Vögel nicht krank werden.

re.: Stieglitz/Distelfink ♂

• Selbst mit einem nur geringen Platzangebot im Garten können Sie problemlos einige schnell blühende Einjährige pflanzen. Sie locken Insekten in den Garten und liefern später im Jahr samenfressenden Vögeln Nahrung.

Es ist nicht ganz einfach für einen Gärtner, sich für Unkräuter und ihre Samen zu begeistern, aber viele Vögel sind darauf angewiesen, insbesondere Stieglitze, die Löwenzahn-, Karden- und Distelsamen lieben. Scheuen Sie sich also nicht davor, auch Unkraut wachsen zu lassen. Alternativ können Sie einfach ein oder zwei Karden am Gartenzaun pflanzen, wo sie nicht stören und doch gut aussehen.

PFLANZEN FÜR DEN FRÜHLING

BÄUME, STRÄUCHER UND KLETTERPFLANZEN

WEISSDORN

Crataegus

Kaum ein Baum oder Strauch hat für Wildtiere mehr zu bieten als der Weißdorn – ob Sie ihn nun als Hecke, Einzelstrauch oder Solitärbaum pflanzen.

Nutzen für Vögel: Im Frühjahr ziehen die Blüten Insekten an, die Früchte dienen Vögeln im Herbst als Nahrung. Zudem ist der Weißdorn ein dicht verzweigtes Versteck für nistende und brütende Vögel.

Gärtnerischer Nutzen: Heimische Sorten tragen im Spätfrühling attraktive Blüten, gefolgt von roten Früchten, die häufig bis in den Herbst und frühen Winter an der Pflanze bleiben und eine willkommene Mahlzeit für Vögel sind. *Crataegus schraderiana* ist mit seinen großen roten Früchten ein besonders dekorativer Baum.

KIRSCHE

Prunus

Die Kirsche ist ein hervorragender Gartenbaum. Es gibt sie in verschiedensten Formen und Größen, sodass man auch für kleine Gärten das Passende findet. Neben fruchttragenden Kirschbäumen für den Küchengarten und überhängenden Zwergsorten gibt es z. B. auch japanische Ziersorten, die im Frühling herrlich blühen.

Nutzen für Vögel: Die Gewöhnliche Traubenkirsche (*Prunus padus*) ist die wohl beste Sorte für Vögel. Allerdings ist sie eher für größere Gärten geeignet. Doch auch blühende Zierkirschen, von denen es auch kleinere Sorten gibt, tragen kleine, säuerliche Früchte, die Vögel gerne fressen.

Gärtnerischer Nutzen: Die Tokiokirsche (*Prunus* x *yedoensis*) ist eine reizvolle früh blühende Sorte. Die Zwergsorte *Prunus incisa* 'Kojo-no-mai' eignet sich auch für die Kübelbepflanzung und blüht üppig.

HOLUNDER

Sambucus

Holundersträucher sind sehr pflegeleicht und in Bezug auf den Boden recht anspruchslos. Besonders schön machen sie sich mit anderen Pflanzen am Gartenrand.

Nutzen für Vögel: Die Blüten ziehen im Frühling viele Insekten an, und im Spätsommer bringt der Holunder zahlreiche Beeren hervor. Nicht nur Rotkehlchen, Seidenschwanz und Drosseln lassen sich gern von den Früchten anziehen.

Gärtnerischer Nutzen: Es gibt einige sehr gute Gartensorten, darunter *Sambucus nigra* 'Black Lace' mit dunkelroten, stark geschlitzten Blättern und *Sambucus nigra* 'Black Beauty' mit leicht geschlitzten Blättern und zartrosa Blüten im Frühling.

re.: blühender Kirschbaum

HARTRIEGEL

Cornus

Auch der Hartriegel bietet eine große Auswahl an Sorten, darunter auch heimische. Einige Sorten verschönern die kalte Jahreszeit mit leuchtender Rindenfärbung. Vor allem die im Frühling blühenden Sorten sind wertvolle Zierpflanzen. Da für Vögel vor allem die Früchte interessant sind, sollte ein kompletter Rückschnitt vermieden werden.

Nutzen für Vögel: Die Blüten locken im Frühjahr Insekten an, die Hauptattraktion für Vögel sind jedoch die später im Jahr erscheinenden Früchte. Durch seinen strauchigen Wuchs bietet der Hartriegel zudem einen guten Schutz.

Gärtnerischer Nutzen: Viele blühende Sorten wie *Cornus nutallii* und *Cornus florida* tragen reichlich Früchte, die viele Vogelarten anlocken. Hartriegel gibt es als langsam wachsende, große Sträucher oder kleine Bäume wie z. B. die Kornelkirsche (*Cornus mas*). Der Weiße Hartriegel (*Cornus alba*) hingegen ist ein pflegeleichter Strauch, der in die meisten Gärten passt.

FELSENBIRNE

Amelanchier

Felsenbirnen sind Bäume bzw. mehrstämmige Sträucher, die sich hervorragend für kleinere Gärten eignen. Die attraktive Pflanze blüht im Frühjahr in Hülle und Fülle, im Sommer trägt sie viele Früchte sowie im Herbst ein intensiv gefärbtes Laub.

o.: Hartriegel

Nutzen für Vögel: Felsenbirnen bieten Vögeln einen Rastplatz und Deckung sowie im Sommer Früchte. Sie ziehen Rotkehlchen, Amseln und viele andere Vögel an.

Gärtnerischer Nutzen: Auch in kleinen Gärten setzt die Felsenbirne ganzjährig Akzente. Selbst im Winter bilden die unbelaubten Triebe eine anmutige Silhouette.

SCHNEEBALL

Viburnum

Das Angebot an dekorativen Sorten ist groß und viele sind dank ihrer Blüten im Frühling und ihrer Früchte im Herbst auch für Vögel äußerst attraktiv.

Nutzen für Vögel: Die schmucken Frühlingsblüher locken Insekten an, von denen sich viele Vögel ernähren, und im Herbst sind die Früchte ein Festessen für Gimpel, Seidenschwanz, Misteldrossel, Häher und andere Vögel. Alle Sorten eignen sich zudem hervorragend, um Vögeln Schutz und Deckung zu bieten.

Gärtnerischer Nutzen: Der Schneeball ist sowohl für Vögel als auch für den Garten eine Bereicherung. Allerdings kann er recht groß werden. *Viburnum opulus* 'Compactum' hat einen gedrungenen, nicht allzu hohen Wuchs und bringt nicht nur viele Beeren hervor, sondern bezaubert auch mit seinem gefärbten Herbstlaub. Auch andere Schneeballsorten eignen sich gut für den Garten, etwa *Viburnum tinus*, der gegen Winterende und Frühlingsanfang blüht. *Viburnum plicatum* hat cremefarbene, flache Blütendolden und später im Jahr viele Beeren, die bei der Vogelwelt sehr beliebt sind.

BLAUREGEN

Wisteria

Der Blauregen ist eine dekorative und schnell wachsende Kletterpflanze. Mit seinen reizvollen, meist duftenden Blüten und seinem eleganten, blattreichen Wuchs bereichert er jeden Garten.

Nutzen für Vögel: Die langen Blütentrauben locken im Frühjahr Insekten an, von denen sich Vögel wie Rotschwänze und Grasmücken ernähren. Das verzweigte Blattwerk eignet sich hervorragend als Unterschlupf und Nistplatz.

Gärtnerischer Nutzen: Der Blauregen ist eine reizvolle Kletterpflanze, die an Haus- oder Gartenmauern, Zäunen und Pergolen gezogen werden kann. An einer kräftigen Stütze und mit einem starken Rückschnitt lässt er sich auch zu einem frei stehenden Hochstamm mit einer schirmartigen Krone erziehen. *Wisteria sinensis* trägt vor dem Laubaustrieb duftende Blüten, *Wisteria floribunda* blüht häufig später mit größeren, aber weniger intensiv duftenden Blüten.

WIESENBLUMEN: GÄNSEBLÜMCHEN, KLEE, LÖWENZAHN

Bellis, Trifolium und Taraxacum

Ein naturnahes Stück Rasen, in dem Wildblumen blühen, ist für Vögel ein wahrer Segen. Lassen Sie den Rasen hierfür an einigen Stellen etwas höher wachsen. Natürlich haben auch gemähte Rasenbereiche, z. B. zum Ballspielen oder für Sitzecken, ihre Berechtigung. Aber auch hier sollten Sie einige Blumen blühen lassen.

Nutzen für Vögel: Alle Vögel suchen gern in hohem Gras nach Insekten, Würmern, Schnecken und Samen. Insekten locken z. B. Amseln, Sperlinge und Finken an.

Gärtnerischer Nutzen: Ein unbehandelter, ungemähter Rasen ist ein buntes Kaleidoskop aus Gras, kleinen Blumen und anderen Pflanzen. Damit wirkt er viel abwechslungsreicher und farbenfroher als ein formaler, einheitlich grüner Rasen. Hinzu kommt, dass viele Wiesenblumen wie Klee Trockenheit deutlich besser vertragen als Gras, weshalb Ihr »wilder Rasen« auch in heißen Sommermonaten länger grün bleibt.

NACHTKERZE

Oenothera

Die ursprünglich aus Amerika stammende Nachtkerze ist seit Jahrhunderten auch in Europa heimisch. Die meisten Sorten tragen im späten Frühjahr und frühen Sommer gelbe Blüten, die für viele Vögel äußerst anziehend sind.

Nutzen für Vögel: Die Blüten locken Nachtfalter und andere Insekten an, die ihrerseits insektenfressende Vögel anziehen. Die Samen zählen zu den Leibspeisen vieler Vogelarten wie Zeisig und Stieglitz.

Gärtnerischer Nutzen: Nachtkerzen gibt es in vielen Varianten, von denen einige einjährig, andere mehrjährig sind. Alle bevorzugen durchlässige, trockene Böden und wirken besonders schön, wenn sie sich selbst aussäen dürfen. Die gängigste Sorte ist die Gemeine Nachtkerze (*Oenothera biennis*), eine ein- bzw. zweijährige Blühpflanze. Sehr attraktiv ist aber auch die aus Mexiko stammende Rosa Nachtkerze (*Oenothera speciosa*) mit ihren zarten Blüten. Meine persönliche Lieblingssorte ist die Polster-Nachtkerze (*Oenothera missouriensis*), eine mehrjährige, niedrig wachsende Sorte.

WIESENKERBEL

Anthriscus sylvestris

Seine zarten weißen Blütenwolken und farnartigen Blätter machen den Wiesenkerbel zu einer beliebten Pflanze für den naturnahen Garten.

re.: Nachtkerze

Nutzen für Vögel: Seine Blüten ziehen Insekten wie z. B. Weichkäfer an. Später im Jahr trägt die Pflanze Samen, die Vögel wie z. B. Sperlinge lieben.

Gärtnerischer Nutzen: In einem naturnahen Garten – ob am Gartenrand oder unter Obstbäumen – entfaltet der Wiesenkerbel eine wunderbare Wirkung. Doch Vorsicht: Wiesenkerbel sät sich mit Vorliebe selbst im Garten aus, sodass Sie darauf achten müssen, dass er nicht zu stark wuchert. Eine Ziervariante ist der Purpur-Wiesenkerbel 'Ravenswing' mit dekorativen dunklen Blättern. Allerdings vermischt er sich oft mit dem wilden Wiesenkerbel.

FÄRBERHÜLSE

Baptisia australis

Die auch als Indigolupine bezeichnete mehrjährige Pflanze stammt ursprünglich aus Nordamerika und trägt im Spätfrühling und Frühsommer blaue Blüten.

Nutzen für Vögel: Aus den Blüten entwickeln sich auffällige Samenhülsen. Wenn diese eintrocknen, klappern sie im Wind und locken Vögel wie z. B. Meisen an.

Gärtnerischer Nutzen: Mit ihrem blaugrünen Laub und den großen Samenhülsen ist die Färberhülse noch lang nach der Blüte ein Blickfang. Um gut zu gedeihen, benötigt sie einen durchlässigen Boden und einen vollsonnigen Standort. Pflanzen Sie sie am besten mit anderen sonnenhungrigen Mehrjährigen wie z. B. Rudbeckien in eine Rabatte.

re.: Wiesenkerbel

NISTPLÄTZE UND -KÄSTEN

Im Frühling stehen für Vögel Paarung und Nestbau im Mittelpunkt. In freier Natur bieten dichte Bäume, Sträucher und Kletterpflanzen Vögeln wie Heckenbraunellen, Amseln und Rotkehlchen geeignete Nistplätze. Sind diese Pflanzen auch in Ihrem Garten vorhanden, steigert dies die Wahrscheinlichkeit, dass sich Vögel auch hier zur Aufzucht ihrer Jungen niederlassen. Selbst dichte Koniferenhecken bieten hervorragende Nistplätze, z. B. für Grünfinken und Wintergoldhähnchen. Je nach Vogelart kann die Nistzeit unterschiedlich lange dauern – vom Frühling bis in den Sommer hinein. Einige Vögel wie Ringeltauben oder Spatzen haben besonders lange Nistzeiten, während derer sie mehrmals brüten. Wenn Sie zusätzlich Nistkästen in Ihrem Garten aufhängen, sollten Sie diese so platzieren, dass Sie die gefiederten Gartenbewohner während dieser Zeit aus gebührender Entfernung bewundern können.

SCHNELL GEMACHT

Das Frühjahr ist die perfekte Zeit, um Vögeln Nistmaterial zur Verfügung zu stellen: Basteln Sie z. B. eine gitterförmige Kugel aus biegsamen Weidenruten und füllen Sie sie mit Gras, trockenem Laub, Federn, kleinen Stoffstücken, Schafwolle bzw. kurz geschnittenen Wollfäden. Oder formen Sie aus dem bereitgestellten Nistmaterialien ein Knäuel und umwickeln Sie es mit Draht. Hängen Sie Knäuel oder Kugel dann in einem Baum oder Strauch im Garten auf.

Auch selbst gebastelte oder gekaufte Nistkästen können Sie jetzt aufhängen. Dabei gilt: »Je einfacher, desto besser«. Für Rotkehlchen und Gartenrotschwanz eignen sich am besten Nistkästen mit offener Front. Solche mit einem runden Einflugloch sind –

je nach Lochgröße – eher für Blau- und Kohlmeisen bzw. Sperlinge geeignet. Achten Sie beim Aufhängen darauf, dass der gewählte Ort leicht beschattet ist und nicht in der prallen Mittagssonne liegt. Der Eingang sollte eine nordöstliche bis südöstliche Ausrichtung haben.

o.: Haussperling ♀

SPECHTE

Für mich hat der Frühling erst richtig begonnen, wenn ich den Ruf des Grünspechts höre. Ein Exemplar lebt seit Jahren in meinem Garten und nistet entweder bei meinen Nachbarn oder bei mir. Sein Ruf, ein lautes »Kjückkjückkjück«, gleicht einem gellenden Lachen und hat ihm den Spitznamen »lachender Specht« oder »Lachspecht« eingetragen. Bisweilen höre ich auch das charakteristische »Tock-tock-tock« seines Klopfens. Regelmäßig sehe ich ihn auch auf dem Rasen, wo er mit seinem »grünen Mantel« und dem »scharlachroten Hut« herrschaftlich umherstolziert. Komme ich ihm jedoch zu nahe, fliegt er schnell davon. Dort ist er auf der Suche nach Ameisen im Gras. Grünspechte haben eine mit Widerhaken versehene, sehr lange Zunge, die zudem mit einer klebrigen Substanz überzogen ist, an der die Ameisen hängen bleiben.

Bunt- und Kleinspechte sind kleiner und anhand ihrer Schwarz-Weiß-Färbung leicht vom Grünspecht zu unterscheiden. Die beiden Arten auseinanderzuhalten ist jedoch schwierig, obwohl der Kleinspecht – wie der Name schon verrät – deutlich kleiner ist. Zudem ist er ein scheuer Vogel, während Buntspechte recht frech sind und regelmäßig kleinere Vögel von Futterkästen und -tischen verscheuchen. Wenn sie nicht gerade Futterstellen »plündern«, ernähren sich Spechte hauptsächlich von den Larven holz- und rindenbohrender Insekten.

Es gibt etliche Spechtarten, davon zehn Arten allein in Deutschland. Außer durch ihre robusten Schnäbel zeichnen sich alle Spechte durch die ihrer Lebensweise angepassten Füße aus: Zwei nach vorne und zwei nach hinten gerichtete Zehen machen sie zu extrem geschickten Kletterern. Mit ihrem Schwanz, der besonders kräftige Federn aufweist, stützen sie sich ab, um

mit dem Körper weit ausholen zu können, während sie ihren Schnabel beim Klopfen ins Holz treiben. Spechte suchen so nach Insekten und Larven in der Rinde oder bauen ihre Nisthöhlen. Das typische Trommeln, das man bisweilen hört, dient auch dazu, potenzielle Partner auf sich aufmerksam zu machen und das eigene Revier zu markieren.

o.: Grünspecht ♂

KAPITEL 6

SOMMER-VÖGEL UND -PFLANZEN

Es mag überraschen, aber der Sommer ist oft die schlechteste Zeit, um Vögel zu beobachten – vor allem in städtischen Gärten. Das liegt daran, dass Vögel im Sommer auf den Feldern und in freier Natur reichlich Nahrung finden. Selbst auf städtischen Brachflächen wachsen in den Sommermonaten viele blühende und samentragende Pflanzen, in denen es vor Insekten nur so wimmelt. Zudem sind die Tage so lang, dass Vögel von Sonnenaufgang bis Sonnenuntergang viel Zeit haben, um Nahrung zu suchen.

Aber lassen Sie sich nicht entmutigen, denn das bedeutet nicht, dass es nun gar keine Vögel im Garten zu entdecken gäbe. Denn im Sommer treffen häufig immer noch Zugvögel in Scharen bei uns ein. So tauchen z. B. Rauchschwalben, Mauersegler und Mehlschwalben meist im späten Frühjahr bei uns auf. Häufig verzögert sich ihr Eintreffen jedoch durch widrige Wetterverhältnisse, sodass man sie erst im Frühsommer wirklich zu Gesicht bekommt.

Im Hochsommer wird es im Garten jedoch tatsächlich deutlich ruhiger, da die Vogelmännchen nicht mehr singen, um ihr Revier zu verteidigen oder eine Partnerin anzulocken. Außerdem mausern sich nun viele Singvögel. Sie verlieren ihr altes Federkleid und bekommen ein neues, um für den Herbst und Winter gewappnet zu sein. Da sie in dieser Zeit angreifbarer für Fressfeinde sind, verstecken sie sich in Gartenhecken oder Büschen und der Garten wird zu einem wichtigen Rückzugsort für sie. Zu dieser Zeit stehen viele einjährige und mehrjährige Pflanzen in voller Blüte, die bestäubende Insekten, Blattläuse und Raubinsekten anlocken. Diese wiederum dienen Vögeln als potenzielle Nahrungsquellen.

VÖGEL IM SOMMER

Im Frühsommer fliegen ganze Familien von Blau- und Kohlmeisen durch den Garten, suchen nach Nahrung und legen eine kurze Rast ein, ehe sie in den nächsten Garten weiterziehen. Im Sommer bekommen Sie auch junge Rotkehlchen zu sehen. Allerdings sind sie anfangs schwer zu erkennen, weil sie zunächst eine braun gesprenkelte Brust aufweisen und noch nicht die typische rote Brust der ausgewachsenen Vögel. Doch sie sind ebenso keck und neugierig wie ihre Eltern.

Mit etwas Glück bekommen Sie auch Besuch von einem jagenden Sperber, der häufig auch Beutetiere erlegt, die größer sind als er selbst. Vielleicht sehen Sie sogar einen jungen Steinkauz, der nach einem eigenen Revier sucht.

DAS KÖNNEN SIE TUN

• Im Sommer brauchen Vögel viel Wasser. Ein Vogelbad eignet sich perfekt, um Vögel zu beobachten. Wenn Sie keinen Teich haben oder anlegen möchten, können Sie z. B. eine Vogeltränke oder ein mit Wasser gefülltes Schälchen zum Baden und Trinken aufstellen. Sorgen Sie immer für frisches, sauberes Wasser!

• Früh blühende Einjährige und Gräser sind gute Nahrungsquellen für samenfressende Vögel. Falls Sie im Frühling nicht zum Aussäen gekommen sind, holen Sie es jetzt nach, damit die Pflanzen im Frühherbst blühen und Samen hervorbringen bzw. überwintern und sehr früh in der nächsten Saison blühen.

• Im Nutzgarten ziehen Kräuter, Obst und Gemüse zahlreiche Insekten an, die Vögeln als Nahrung dienen. Noch attraktiver und naturnaher wird Ihr Küchengarten durch eine Mischkultur mit blühenden Kräutern wie Rosmarin, Majoran und Fenchel.

PFLANZEN FÜR DEN SOMMER

BÄUME, STRÄUCHER UND KLETTERPFLANZEN

OBSTBÄUME: APFEL, BIRNE, PFLAUME

Malus, Pyrus und Prunus

Viele Obstbäume stehen im Frühsommer in voller Blüte und tragen später in der Saison üppige Früchte.

Nutzen für Vögel: Die Blüten locken blütenfressende Vögel wie z. B. Gimpel an – ebenso bestäubende Insekten, die wiederum von insektenfressenden Vögeln wie Meisen verspeist werden. Später im Sommer und im Herbst bieten auch Früchte und Fallobst reichlich Nahrung für Insekten und Vögel, beispielsweise Drosseln.

Gärtnerischer Nutzen: In den meisten Gärten ist genug Platz für einen Obstbaum – wenn auch nur als Kübelpflanze oder Spalierbaum an einer Mauer. Hervorragende Apfelbaumsorten sind *Malus domestica* 'Fiesta', 'Katy' und 'Spartan'. Wählen Sie am besten schwachwüchsige Unterlagen wie M27, die dafür sorgen, dass der Baum nicht zu hoch wächst. Dasselbe gilt für Pflaumen- und Birnenbäume.

ROSEN

Rosa

Für jeden Garten gibt es die passende Rose – von kleinwüchsigen Zwergrosen bis hin zu großen, rankenden Sorten. Greifen Sie stets zu ungefüllten Rosen, da sie mit ihrem leicht zugänglichen Nektar viele Insekten anlocken, von denen sich insektenfressende Vögel ernähren. Wählen Sie außerdem Sorten, die Hagebutten hervorbringen und somit Nahrung für Vögel wie Wacholder- und Misteldrosseln bieten.

Nutzen für Vögel: Blüten und Laub ziehen Insekten an, Vögel wie Amseln und Wacholderdrosseln fressen im Herbst die Hagebutten. Kletterrosen bieten zudem einen gut geschützten Unterschlupf.

Gärtnerischer Nutzen: Rosen sind für viele Gärtner ein absolutes Muss. Für Rabatten eignen sich Strauchrosen wie Mandarinrose (*Rosa moyesii*) und Hechtrose (*Rosa glauca*), die leuchtende, ungefüllte Blüten und im Herbst farbenfrohe Hagebutten tragen. Kletter- oder Ramblerrosen wie 'Paul's Himalayan Musk' können z. B. an einem Baum emporranken und bieten Vögeln mit ihren dicht wachsenden Trieben Schutz.

OBSTSTRÄUCHER: JOHANNISBEERE, BROMBEERE, LOGANBEERE

Ribes und Rubus

Johannisbeeren sowie rankende Obststräucher wie Brombeere und Loganbeere eignen sich hervorragend für den Nutzgarten und sind auch für Vögel attraktiv.

Nutzen für Vögel: Im Frühling suchen Vögel in den Sträuchern nach Insekten, die von den Blüten angelockt werden. Im Sommer machen sie sich mit Vorliebe über die Früchte her. Verzichten Sie jedoch auf Pflanzenschutznetze, in denen sich die Vögel mitunter lebensgefährlich verheddern können.

Gärtnerischer Nutzen: Beerensträucher bereichern den Küchengarten durch ihren dekorativen Anblick und schmackhafte Früchte. Für uns zwar ungenießbar, aber für Vögel ein echtes Festmahl sind Zierjohannisbeeren wie z. B. die Blutjohannisbeere (*Ribes sanguineum*) 'White Icicle', die im Frühjahr hübsche Blütenrispen und später im Jahr kleine Früchte trägt.

SPIERSTRÄUCHER

Spiraea

Es gibt nur wenige Sträucher, die so hübsch und pflegeleicht sind wie die Spiere. Darüber hinaus ist sie recht anspruchslos in Bezug auf Boden- und Klimaverhältnisse und bringt zahlreiche Blüten hervor.

Nutzen für Vögel: Die zarten Sommerblüten werden gern von Insekten besucht, während die an der Basis dicht verzweigten Triebe kleinen Vögeln Schutz bieten – vor allem solchen, die sich viel am Boden aufhalten, wie Zaunkönig und Amsel.

Gärtnerischer Nutzen: In den meisten Gärten findet sich Platz für einen Spierstrauch: von kompakten Sträuchern, die sich als Kübelpflanzen eignen, bis hin zu mittelgroßen Beetpflanzen wie der Sommerspiere 'Goldflame' mit ihrem farbenfrohen Laub und zahlreichen rosaroten Doldenrispen. Für ein frühsommerliches

Blütenspektakel sorgen in größeren Gärten die weißen Blütengirlanden der Brautspiere (*Spiraea x arguta*).

LAVENDEL

Lavandula

In vieler Hinsicht ist Lavendel ein Gewinn für den Garten: Neben herrlichen Blüten und fantastischem Duft ist er auch für Bienen, Schmetterlinge und Vögel attraktiv.

Nutzen für Vögel: Die Samen dienen Distelfinken als Nahrung, während Mehlschwalben, Mauersegler und Rauchschwalben von der den Lavendel belagernden Insektenwelt angelockt werden. Die Stängel und Blätter sind zudem ein exzellentes Nistmaterial.

Gärtnerischer Nutzen: Lavendel ist eine wunderbar vielseitige Pflanze. Sowohl am Rand einer traditionellen Rabatte als auch in einem modernen Kiesgarten macht er sich gut. Zudem bereichert er den Garten durch seine immergrünen Blätter und eine lange Blütezeit. Von Zwergsorten wie 'Imperial Gem' bis hin zu deutlich größeren, üppig blühenden Varianten wie der klassischen Sorte 'Hidcote' gibt es eine große Auswahl.

GEISSBLATT

Lonicera

Das Geißblatt ist eine der nützlichsten und attraktivsten Kletterpflanzen für den Garten und ein wahrer Wildtiermagnet. Es gibt auch Strauchsorten, die im Winter duftende Blüten hervorbringen und Vögeln Deckung bieten.

li.: blühender Spierstrauch

Nutzen für Vögel: Die Blüten locken im Sommer verschiedene Arten von Insekten an, im Herbst laben sich Gimpel, Grasmücke, Drossel und Co. an den Früchten. Rankende Geißblätter bieten außerdem einen guten Unterschlupf und Nistplätze, vor allem für Drosseln.

Gärtnerischer Nutzen: Zur Auswahl stehen viele dekorative Arten, von denen zahlreiche duften und einige immergrün sind. Manche Geißblätter sind Kletterpflanzen, andere Sträucher. Kletternde Arten wie *Lonicera* 'Graham Thomas' können an Mauern oder Zäunen gezogen werden. Am schönsten wirken sie, wenn sie durch eine Hecke ranken oder einen Bogen emporklettern. Manche Sorten zeigen ihre duftenden Blüten in den Wintermonaten, womit sie Insekten anlocken und in der sonst eher kargen Zeit den Garten verschönern.

WALDREBE

Clematis

Mit ihren in allen erdenklichen Farben leuchtenden Blüten sind Waldreben (Klematis) eine Zierde für jeden Garten. Einige Arten dieser vielseitigen Kletterpflanze blühen bereits im Frühjahr, andere im Frühsommer und wieder andere erst dann, wenn der Sommer sich dem Ende zuneigt.

Nutzen für Vögel: Früh blühende Sorten sind dicht belaubt und bieten Vogeleltern, die hier nisten und ihren Nachwuchs aufziehen, einen schützenden Unterschlupf. Nach der Blüte entwickeln sich im Sommer und im Herbst flauschige Samenköpfe, die viele Vögel anlocken, darunter Sperlinge und Finken.

Gärtnerischer Nutzen: Die Klematis ist eine der nützlichsten und attraktivsten Pflanzen für große wie kleine Gärten. Die starkwüchsigen Berg-Waldreben (*Clematis montana*) und die robusten Alpen-Waldreben (*Clematis alpina*) eignen sich hervorragend als Sichtschutz oder um einen unansehnlichen Schuppen oder eine Garage zu verdecken. Die filigranere Italienische Waldrebe (*Clematis viticella*) hingegen wirkt sehr reizvoll, wenn sie sich durch Sträucher winden oder an Spalieren ranken darf.

MEHR- UND EINJÄHRIGE PFLANZEN

SONNENBLUME

Helianthus

Die pflegeleichte einjährige Blume passt in jeden Garten und gehört zu den bestäuber- und vogelfreundlichsten Pflanzen.

Nutzen für Vögel: Die Blütenköpfe voller energiereicher Samen locken zahlreiche Vögel an, darunter Finken, Sperlinge, Kleiber und Meisen. Greifen Sie zu Sorten mit ungefüllten Blüten, die große Samenköpfe ausbilden, statt zu gefüllten oder mehrköpfigen Sorten.

Gärtnerischer Nutzen: Sonnenblumen eignen sich bestens für Nutzgärten, da sie viele Bestäuber und Schädlinge vertilgende Vögel anlocken. Sehr hoch wachsende Sorten wie die Riesensonnenblume 'Russian Giant' eignen sich zudem, um einen unschönen Garten-

re.: Sonnenblume

zaun oder eine Mauer zu verdecken. Oder legen Sie ein vogelfreundliches Gartenbeet an, in dem Sie Sonnenblumen zusammen mit anderen Einjährigen wie Duftwicke (*Lathyrus odoratus*) und Jungfer im Grünen (*Nigella damascena*) pflanzen.

SCHWARZKÜMMEL

Nigella

Mit seinen filigranen, farbenprächtigen Blüten, gefolgt von kronenähnlichen Samenkapseln ist der Schwarzkümmel ein besonderer Blickfang. Die pflegeleichte Pflanze sät sich im ganzen Garten selbst aus und liefert samenfressenden Vögeln reichlich Nahrung.

Nutzen für Vögel: Die einjährige Pflanze blüht schnell und bildet entsprechend früh eine große Anzahl von Samen aus, die kleineren Vögeln den ganzen Sommer über als Nahrung dienen.

Gärtnerischer Nutzen: Die zarten bis kräftigen Farbtupfer des Schwarzkümmels verschönern jeden Garten. In puncto Blütenpracht sticht die Jungfer im Grünen (*Nigella damascena*) hervor, insbesondere die kräftig blaue Sorte 'Miss Jekyll' oder 'Persian Jewels' mit rosafarbenen, weißen und blauen Blüten. Weniger farbenprächtig, aber für Vögel – und als Küchengewürz – nicht weniger verlockend ist der Echte Schwarzkümmel (*Nigella sativa*).

re.: Jungfer im Grünen

KORNBLUME

Centaurea cyanus

Die pflegeleichte ein- oder mehrjährige Pflanze keimt sehr schnell und blüht vom Spätfrühling bis in den Sommer. Mehrjährige Sorten haben eine längere Blütezeit, einjährige hingegen wachsen, blühen und verblühen schneller.

Nutzen für Vögel: Da sie bereitwillig blühen, bringen Kornblumen rasch Samen hervor, die insbesondere Sperlinge, Ammern und Finken gern fressen.

Gärtnerischer Nutzen: Mehrjährige Sorten machen sich gut in Blumenrabatten, heimische Arten eignen sich hervorragend für eine Wildblumenwiese. Wenn Sie einjährige Sorten regelmäßig nachsäen, erfreuen sie Sie den ganzen Sommer über mit ihrer Blütenfülle. Darüber hinaus eignen sie sich gut, um kahle Stellen im Garten oder Lücken in einem Beet mit Sommer- bzw. Schnittblumen zu füllen. Die klassische Sorte 'Bachelor's Buttons' beeindruckt mit leuchtend himmelblauen Blüten, es gibt jedoch auch weiße oder dunkelrote Sorten wie 'Black Ball'.

GROSSE KAPUZINERKRESSE

Tropaeolum majus

Die großwüchsige, blätter- und blütenreiche Kapuzinerkresse ist eine pflegeleichte Einjährige, mit der sich wunderbar triste Ecken und kahle Flächen im Garten beleben lassen.

Nutzen für Vögel: »Bodenfresser« nutzen die großen Blätter und herabhängenden Stängel bei der Futtersuche als Deckung. Kapuzinerkresse ist auch bei Blattläusen beliebt, die ihrerseits insektenfressende Vögel anlocken. Auch Kohlweißlinge lassen sich gern von der Kapuzinerkresse anziehen, da sie zu den Futterpflanzen ihrer Raupen gehört. Zwar rühren viele Vögel die Raupen wegen der scharfen Senföle, die sie mit dem Kohl aufnehmen, nicht an, einige wie z. B. Spatzen aber fressen sie trotzdem.

Gärtnerischer Nutzen: Die Kapuzinerkresse gehört in jeden Nutzgarten. Denn schon wenige Pflanzen können, in einigem Abstand zum entsprechenden Gemüse gepflanzt, dazu dienen, Schwarze Bohnenblattläuse von Bohnen und Kohlweißlinge von Kohl wegzulocken. Die großen Blätter und Blüten sind außerdem essbar und äußerst schmackhaft.

DISTELN

Cirsium, Carduus, Eryngium und Echinops

Einige Distelarten sind unter Gärtnern als »Unkraut« verschrien. Viele der mehrjährigen Sorten sind jedoch exzellente Beetpflanzen, die einen großen Nutzen für Vögel und andere Tiere haben.

Nutzen für Vögel: Stieglitze lieben Distelsamen, und manchmal sieht man ganze Schwärme dieser schönen Vögel an einer von Disteln bewachsenen Stelle. Auch Insekten wie viele Bienen- und Schmetterlingsarten zieht es zu den nektarreichen Blüten.

Gärtnerischer Nutzen: Kugeldisteln bereichern Staudenbeete mit ihrer markanten Silhouette. Das kleinere Mannstreu mit seinen stacheligen, metallisch-blauen Blüten eignet sich gut, um in einer Rabatte aus Rosen und Gräsern spannende Akzente zu setzen. Lassen Sie die Stängel bis in den Herbst hinein stehen. So bieten die Samen Vögeln wertvolle Nahrung und Sie verleihen dem verblühenden Garten ein wenig Struktur.

GOLDRUTE

Solidago

Die starkwüchsige mehrjährige Pflanze ist nichts für kleinere Gärten. Hat man jedoch ausreichend Platz, eignet sie sich großartig, um Vögel anzulocken.

Nutzen für Vögel: Mit ihrer langen Blütezeit zieht die Goldrute viele Insekten und damit insektenfressende Vögel an. Im Herbst sind die Samen willkommenes Futter für Distel- und Grünfinken, Bluthänflinge, Zeisige und Meisen.

Gärtnerischer Nutzen: Die Goldrute ist eine effektvolle Staude, die auch auf nährstoffarmen Böden gut gedeiht. Am besten passt sie zu einem naturnahen Garten, in dem sie sich auf größeren Flächen ausbreitet und von Hochsommer bis Frühherbst goldfarbene Blüten hervorbringt.

re.: Goldrute

WASSERSTELLEN

Eine vor Fressfeinden sichere Wasserstelle mit sauberem Wasser ist für Vögel ebenso lebensnotwendig wie ausreichend Nahrung und ein geschützter Nistplatz. Vögel benötigen Wasser zum Trinken – besonders wichtig in heißen Trockenperioden im Sommer – und zum Baden.

Einen großen Teil ihres Wasserbedarfs decken Vögel über die Nahrung, z. B. mit saftigen Würmern und Insekten. Das bedeutet jedoch, dass Samenfresser wie Finken und Sperlinge häufiger trinken müssen. Die meisten Vögel stillen ihren Durst ein- oder zweimal am Tag, für gewöhnlich am frühen Morgen und/oder am Abend. Denn beim Trinken ist die Gefahr, Fressfeinden wie Katzen zum Opfer zu fallen, besonders groß.

Zudem baden Vögel regelmäßig – ebenfalls frühmorgens oder spätnachmittags –, um ihr Gefieder gesund und frei von Parasiten zu halten. Es ist herrlich, sie dabei zu beobachten, wie sie sich nach dem Bad putzen, mit dem Schnabel das Gefieder richten und sich von der Sonne trocknen lassen. Doch Baden ist nicht nur auf die sommerliche Hygiene beschränkt, es kann auch entscheiden, ob ein Vogel den Winter überlebt oder nicht. Denn ein gepflegtes, sauberes Gefieder hält ihn in der kalten Jahreszeit viel besser warm als ein ungepflegtes, schmutziges.

SCHNELL GEMACHT

Vogelbäder sollten stabil sein und ein leichtes Gefälle zwischen seichten und tieferen Stellen aufweisen, damit unterschiedlich große Vögel darin trinken und baden können. Sorgen Sie außerdem dafür, dass das Material der Tränke nicht zu glatt ist, damit die Vögel darin gut Halt finden.

Wichtig ist es, das Vogelbad regelmäßig zu säubern und das Wasser zu wechseln. Vor allem bei heißen Temperaturen können sich ansonsten Krankheitserreger schnell vermehren und badende Vögel schnell Krankheiten verbreiten. Halten Sie das Vogelbad außerdem im Winter eisfrei und gießen Sie bei Bedarf warmes Wasser nach. Denn auch in der kalten Jahreszeit benötigen Vögel regelmäßig Wasser. Ein gut gestalteter Gartenteich ist eine sichere Wasserquelle zum Baden und Trinken und lockt noch dazu Insekten an, die vielen Vögeln als Nahrung dienen.

o.: Schwanzmeise ♂ ♀

MAUERSEGLER, RAUCHSCHWALBEN UND MEHLSCHWALBEN

Wenn der Frühling in den Sommer übergeht, ist die Ankunft der Mauersegler unüberseh- und unüberhörbar. Der Himmel ist voller Schwärme von ihnen, deren Rufe von den Dächern widerhallen, wenn sie aus ihren Überwinterungsgebieten in Afrika zu uns zurückkehren. Sie verbringen fast ihr ganzes Leben in der Luft und landen nur, um in Mauernischen und unter Dachtraufen zu brüten. Sogar ihr Nistmaterial – z. B. Federn, Blätter und Grashalme – sammeln sie im Flug. Mauersegler gehören zu den ersten Vögeln, die gegen Ende des Sommers wieder in wärmere Gegenden ziehen, um dort die Wintermonate zu verbringen.

Auch Rauch- und Mehlschwalben begeben sich jeden Frühling und jeden Herbst auf die Reise. Im Sommer kommen sie bei uns in großen Gruppen an, bevor sie in Scheunen oder Schuppen geeignete Nistplätze suchen. Schwalben treffen sich mit Vorliebe gesellig zwitschernd auf Stromleitungen. Manchmal sieht man, wie sich dort ein einzelner Vogel niederlässt und innerhalb weniger Minuten Dutzende weiterer hinzukommen. Wie Mauersegler bauen auch Schwalben ihre Nester gern unter Dachtraufen. Ihre korbförmigen Nester formen sie aus Schlammkügelchen, die sie sorgfältig zusammenfügen.

Diese drei Sommerbesucher auseinanderzuhalten, ist auf den ersten Blick gar nicht so einfach. Sie ähneln sich im Aussehen und Verhalten sehr, aber es gibt auch deutliche Unterschiede. So haben Mauersegler einen durchdringenden Ruf, sichelförmige Flügel und einen kurzen gegabelten Schwanz. Rauchschwalben hingegen haben spitz zulaufende Flügel, einen wei-

ßen Bauch, eine rostbraune Färbung auf Stirn und Kehle und einen langen gegabelten Schwanz. Mit ihrem schwarz-weißen Gefieder sehen sich Mehlschwalben und Rauchschwalben auf den ersten Blick sehr ähnlich. Im Allgemeinen sehen Mehlschwalben jedoch kleiner und gedrungener aus, haben einen kurzen gegabelten Schwanz sowie ein weißes Gesicht, einen weißen Bauch und einen weißen Bürzel.

oben von links: Mauersegler, Mehl- und Rauchschwalbe

KAPITEL 7

HERBST-VÖGEL UND -PFLANZEN

Im Herbst, wenn sich die Vegetationszeit dem Ende zuneigt und sich die Blätter langsam verfärben, hat man mit die besten Chancen, Vögel in den Garten zu locken. Dies gilt insbesondere dann, wenn es in der weiteren Umgebung wenig Nahrung gibt. Die gefiederten Gartenbesucher sind deshalb hungriger und lassen sich häufiger blicken, sodass man sie gut beobachten kann. Der herbstliche Garten ist für Vögel eine reich gefüllte Speisekammer: Die Pflanzen bieten ihnen Samen und reife Beeren, und auch Sie können Ihren Beitrag dazu leisten, indem Sie die Futterstellen entsprechend bestücken.

Für viele Vogelarten ist diese Jahreszeit zudem eine Zeit des Aufbruchs und der Ankunft. So ziehen z. B. Mehlschwalben in wärmere Winterquartiere. Andere wie etwa Rot- oder Wacholderdrosseln kommen aus ihren nördlichen Brutgebieten bei uns an und streifen auf der Suche nach Nahrung in Schwärmen durch die Gärten. Da sich auf dem Land immer weniger Samen und Insekten finden lassen, nimmt die Anzahl der geflügelten Wintergäste, die sich auch gerne zu einer kurzen Rast im Garten verlocken lassen, zu. So ist z. B. die Stechpalme in meinem Garten schon seit Jahren ein beliebter Zwischenstopp für ganze Schwärme von Rotdrosseln, die schon einmal sämtliche Beeren an einem einzigen Tag abernten. Halten Sie einfach die Augen offen und wahrscheinlich bemerken auch Sie verschiedene Vogelarten auf Nahrungssuche in Ihrem Garten – vor allem, wenn er ein reiches Angebot an Beeren und Samen bietet.

VÖGEL IM HERBST

Im Herbst lassen sich – vor allem in Nadelbäumen, Stechpalmen oder Eiben – oft ganze Schwärme zierlicher Wintergoldhähnchen und manchmal auch Sommergoldhähnchen entdecken. Im Herbst und im Winter sind sie zwar leichter auszumachen. Da sie aber zu den kleinsten Vögeln in Europa zählen, braucht man dennoch ein gutes Auge.

Leichter zu erkennen sind die deutlich größeren Wacholder- und Rotdrosseln sowie die hübschen, aber weniger häufigen Seidenschwänze. Beide Vogelarten lieben alle Arten von Beeren und fressen auch auf dem Boden liegende Früchte – ein guter Grund, Fallobst liegen zu lassen.

Wenn Sie darüber hinaus die Ohren offen halten, können Sie vielleicht auch das charakteristische »Huu-hu-huhuhuhuu« des Waldkauzes vernehmen, mit dem er im Herbst und Spätwinter sein Revier markiert. Auch Rotkehlchen machen ihre Ansprüche auf ein Gartenstück lauthals deutlich und singen bei Tagesanbruch wiederholt und kraftvoll.

DAS KÖNNEN SIE TUN

• Der Herbst ist eine gute Zeit für die Gartenarbeit, da man die Vögel weder beim Nisten noch bei der Paarung stört. Nun können Sie auch Nistkästen säubern und neue anbringen, sodass die Tiere genug Zeit haben, sich daran zu gewöhnen, bevor sie darin nisten.

• Diese Jahreszeit eignet sich auch gut dazu, Sträucher und Hecken zurückzuschneiden. Gehen Sie dabei jedoch nicht zu radikal vor, damit Ihre gefiederten Gartenbesucher auch noch im nächsten Frühjahr Nistplätze finden. Beerentragende Sträucher sollten Sie möglichst unangetastet lassen, bis die Vögel sie »leer geräumt« haben.

• Setzen Sie die Gartenschere möglichst behutsam ein und lassen Sie die Stängel krautiger Pflanzen wie Astern, Kugeldisteln und Goldruten möglichst lang stehen. Denn viele

Vögel machen sich mit Vorliebe über die Samen her, Zaunkönige und Amseln nutzen die Stängel zudem als Deckung, um von dort aus auf Insektensuche zu gehen.

• Falls Sie größere Gartenprojekte wie z. B. die Neuanlage eines Teichs planen, ist jetzt die richtige Zeit dafür, da Sie die Vögel nun am wenigsten stören. Zudem können sich die Tiere den Winter über an den neuen Lebensraum gewöhnen und neue Pflanzen haben ausreichend Zeit, sich zu entwickeln, um im nächsten Frühjahr besser zu gedeihen.

• Sorgen Sie dafür, dass im Garten immer genug Fallobst und Wasser vorhanden sind – vor allem wenn es kälter wird. Lassen Sie zudem einige Früchte an den Bäumen hängen bzw. auf dem Boden liegen, um hungrige Vögel anzulocken.

• Im Spätherbst, wenn es kälter wird, werden auch die Nahrungsquellen in freier Natur knapper. Die Vögel werden dann mutiger und verteidigen energisch ihr Revier im Garten. Wenn Sie ein solches Verhalten bemerken, sollten Sie ihnen mehr Futter und Wasser anbieten.

re.: Rotdrossel ♀

PFLANZEN FÜR DEN HERBST

BÄUME, STRÄUCHER UND KLETTERPFLANZEN

VOGELBEERE

Sorbus

Die schmucken Bäume mit ihrem attraktiven Laub eignen sich perfekt für kleinere Gärten. Ihr größter Pluspunkt sind die im Herbst reifenden »Büschel« farbintensiver Beeren, die eine Leibspeise vieler Vogelarten sind.

Nutzen für Vögel: Die Früchte bieten zahlreichen Vogelarten Nahrung, vor allem Amsel, Drossel, Rotdrossel und Seidenschwanz.

Gärtnerischer Nutzen: Kaum ein Baum ist so dekorativ und zugleich so attraktiv für Wildtiere wie die Vogelbeere. Heimische Sorten sind für Vögel besonders verlockend. Saftige, große Früchte – ob in Orange, Gelb, Rosa oder Weiß – tragen jedoch alle Arten und liefern damit im Winter hungrigen Vögeln dringend benötigte Nahrung.

re.: Vogelbeere

AMERIKANISCHE SCHÖNFRUCHT

Callicarpa americana

Die Schönfrucht gehört zu denjenigen Pflanzen, die die meiste Zeit des Jahres eher unscheinbar wirken – bis sie im Herbst ihr Laub abwirft und die leuchtend violetten oder weißen Beeren die Blicke auf sich ziehen.

Nutzen für Vögel: Einige Vögel haben die Beeren hierzulande schon als Nahrungsangebot in kalten Wintern entdeckt. Mit den Jahren gewöhnen sich immer mehr Vögel daran und bedienen sich an den Früchten. Hierzu zählen z. B. Rotkehlchen, Meisen und Drosseln.

Gärtnerischer Nutzen: Besonders schön wirkt es, wenn Sie einen oder mehrere Sträucher im hinteren Bereich einer Rabatte pflanzen. Die recht kleinen farbintensiven Früchte sitzen dicht an dicht an den verzweigten Stängeln und leuchten im herbstlichen Garten, bis die Vögel hungrig genug sind, sie zu »plündern«.

ZWERGMISPEL

Cotoneaster

Zwergmispeln wirken vielleicht ein wenig »unscheinbar«, bei der Gartengestaltung lassen sie sich jedoch vielseitig und effektvoll einsetzen und sind besonders für vogelfreundliche Gärten eine gute Wahl.

Nutzen für Vögel: Singdrossel, Amsel und Rotdrossel machen sich mit Vorliebe über die Früchte her. Viele kleinere Vögel nutzen die dichten Zweige zudem gern als Deckung.

Gärtnerischer Nutzen: Die Fächer-Zwergmispel (*Cotoneaster horizontalis*) lässt sich gut an Mauern ziehen. Sie wächst zu einem dichten, ausladenden Strauch heran und kommt mit fast allen Böden und Standortbedingungen zurecht. Am liebsten mag ich die Kleinblättrige Zwergmispel (*Cotoneaster microphyllus*), eine langsam und niedrig wachsende Art, die im Herbst rote Beeren trägt und sich perfekt für kleine Gärten eignet. Ist Platz vorhanden, machen auch große, mehrstämmige Bäume und Sträucher wie die reizvolle Späte Zwergmistel (*Cotoneaster lacteus*) mit ihren bis spät in den Winter am Strauch bleibenden Beerenbüscheln Eindruck.

SPINDELSTRÄUCHER

Euonymus

Die immergrünen Vertreter der Gattung bieten Vögeln eine gute Deckung. Doch auch laubabwerfende Sorten, die im Herbst ihre Blätter verlieren, sind sowohl als Vogelnährgehölze als auch für den Garten attraktiv.

Nutzen für Vögel: Spindelsträucher bieten Vögeln hervorragende Nistplätze sowie Samenkapseln, die von Rotkehlchen, Sperlingen und Amseln gefressen werden.

Gärtnerischer Nutzen: Heimische Arten wie der Gewöhnliche Spindelstrauch (*Euonymus europaeus*) und der Purpur-Spindelstrauch (*Euonymus atropurpureus*) bringen viele Früchte hervor. Eine gute Wahl ist aber auch das Pracht-Pfaffenhütchen 'Red Cascade' mit seiner feuerroten Herbstfärbung und zahlreichen rosa- und orangeroten Samenkapseln. Allerdings benötigen sie ausreichend Platz im Garten.

BERBERITZE

Berberis

Berberitzen bilden kleine bis mittelgroße Sträucher. Einige davon sind immergrün, andere weisen eine intensive Herbstfärbung auf.

Nutzen für Vögel: Die dicht wachsende, stachelige Berberitze ist ein hervorragender Unterschlupf, die Früchte sind zudem bei vielen Drosselarten beliebt.

Gärtnerischer Nutzen: Die Berberitze passt zu jedem Gartenstil und jeder Gartengröße – sei es eine immergrüne Sorte wie Darwins Berberitze (*Berberis darwinii*) oder eine Herbstschönheit wie die Hecken-Berberitze (*Berberis thunbergii*). Berberitzen sind pflegeleicht und vielseitig und eignen sich sowohl als Solitärgehölze als auch als Minihecke in einem etwas förmlicheren Garten. Aber Vorsicht vor den Dornen!

EIN- UND MEHRJÄHRIGE PFLANZEN

ZIERGRÄSER

Stipa, Pennisetum und Carex

Ziergräser machen sich herrlich in einer Blumenrabatte, und das Angebot ist so vielfältig, dass für jeden Garten das Passende dabei ist.

Nutzen für Vögel: Gräser dienen als Nistmaterial und bringen Samen hervor, die Körnerfresser wie Blaumeisen und Sperlinge fressen – so etwa die Rutenhirse, die viele Vögel noch

re.: Segge

spät in der Saison mit Samen versorgt. Lassen Sie die Gräser den ganzen Winter lang stehen, damit sie Vögeln Schutz und Unterschlupf bieten.

Gärtnerischer Nutzen: Gräser wie Federgräser (*Stipa*), Lampenputzergräser (*Pennisetum*) und Seggen (*Carex*) sind eine großartige Bereicherung für Blumenrabatten. Mit ihren sanft schwingenden Stängeln sorgen sie im Sommer für Bewegung, im Herbst und Winter fängt der Reif auf den Gräsern das Licht ein und verleiht dem Garten einen herrlichen Glanz.

FETTHENNE

Sedum

Zwar gibt es viele verschiedene *Sedum*-Arten, kein Gärtner, der etwas auf sich hält, sollte jedoch auf die Prächtige Fetthenne (*Sedum spectabile*) verzichten – ein passender Name für diesen spektakulären Spätblüher.

Nutzen für Vögel: Die Fetthenne ist eine wertvolle Futterpflanze für spät fliegende Bestäuber wie Bienen und Schmetterlinge. Für Vögel nützlich ist sie insbesondere, wenn Sie im Spätherbst und Winter die Blüten stehen lassen, denn Finken und andere samenfressende Vögel bedienen sich gern an den Samen. Noch wichtiger ist jedoch der Schutz, den die Stängel Insekten bieten, die wiederum Vögel auf Futtersuche anlocken.

Gärtnerischer Nutzen: Am besten für den Garten geeignet sind Varianten der hochwachsenden Prächtigen Fetthenne wie die Sorte 'Herbstfreude' mit ihren leuchtenden rosa Blütenschirmen und blaugrünen Blättern.

WITWENBLUME

Knautia

Die auch als Knautien bezeichneten Witwenblumen blühen den ganzen Sommer bis in den Herbst hinein und bringen auf ihren zarten Stängeln zahlreiche kissenartige Blüten hervor.

Nutzen für Vögel: Die Witwenblume lockt viele Insekten und somit auch insektenfressende Vögel in den Garten. Ist die Blütezeit vorüber, dienen die Samen zudem verschiedenen Finkenarten wie dem Gimpel als Nahrung.

Gärtnerischer Nutzen: Witwenblumen eignen sich hervorragend, um Lücken in einem sonnigen Blumenbeet zu füllen, da sie schnell, aber auch raumgreifend wachsen. Mit ihrer Vielzahl an rosa, magentafarbenen oder burgunderroten Blüten machen sie sich auch in einem naturnahen Garten prächtig. Meine Lieblingssorte ist die Mazedonische Witwenblume (*Knautia macedonica*) mit ihren tiefroten Blüten, die bei Bienen und Schmetterlingen sehr beliebt sind. Die wohl bekannteste Sorte ist *Knautia macedonica* 'Melton Pastels'.

re.: Witwenblume

ASTERN

Aster, Symphyotrichum

Astern gibt es in vielen verschiedenen Größen und einer Vielzahl leuchtender Farben, die noch spät in der Saison für bunte Tupfer im Garten sorgen.

Nutzen für Vögel: Als Spätblüher sind Astern für viele Insekten eine gute Nahrungsquelle. Wenn Sie dann noch die Stängel stehen lassen, nachdem die Astern verblüht sind, machen sich viele Vögel gern über die winzigen Samen her. Zaunkönige und Blaumeisen jagen außerdem im Winter gern im Schutz der Stängel nach Insekten.

Gärtnerischer Nutzen: Manche Astern werden über einen Meter hoch, andere gerade einmal 30 Zentimeter. Angesichts der großen Auswahl findet man für jeden Garten und fast jeden Standort die passende Sorte. Pflanzen Sie sie am besten mit Gräsern und anderen spät blühenden mehrjährigen Pflanzen in eine Rabatte. Mir persönlich haben es besonders die Berg-Astern (*Aster amellus*) angetan – vor allem die bei Schmetterlingen äußerst beliebte Sorte 'King George', um deren gelbe Blütenmitte sich dunkelblaue Blütenblätter gruppieren.

re.: Berg-Aster

WIESENKNOPF

Sanguisorba

Mit seinem attraktiven Blattwerk und den reizvollen Blütenständen eignet sich der Wiesenknopf hervorragend für Rabatten und Staudenbeete in einem vogelfreundlichen Garten.

Nutzen für Vögel: Die Blüten ziehen im Sommer viele Bestäuber und andere Insekten an, die wiederum Vögel anlocken. Vor allem aber bieten die prall gefüllten Samenstände samenfressenden Vögeln wie Finken in der Übergangszeit vom Herbst zum Winter eine wertvolle Nahrungsquelle. Im Bereich der schützenden Stängel suchen zudem Insektenfresser wie Zaunkönige nach Nahrung.

Gärtnerischer Nutzen: Die verschiedenen Wiesenknopfarten sind eine hervorragende Ergänzung für jeden Garten. Sie erreichen Größen von 30 Zentimetern bis zu mehr als 1,5 Metern, sodass selbst für kleinere Gärten das Passende dabei ist. Für größere Gärten eignet sich z. B. der Garten-Wiesenknopf 'Arnhem' oder der Koreanische Wiesenknopf (*Sanguisorba hakusanensis*) – vor allem die Sorte 'Lilac Squirrel', die mit ihren auffälligen violettrosafarbenen Blütenähren die Blicke auf sich zieht.

VOGELFUTTER

Der Herbst ist eine wichtige Zeit, um das pflanzliche Nahrungsangebot im Garten um gekauftes Vogelfutter zu ergänzen. Mit einigen gut platzierten Futterhäuschen und einer schmackhaften Futtermischung aus Getreide und Fett locken Sie viele Vögel an, die dann den ganzen Winter über zu Besuch kommen. In Gartencentern, Supermärkten und Co. findet man eine so große Auswahl an Vogelfutter und Futterkästen, dass es schnell recht unüberschaubar werden kann. Unterscheiden lässt sich das Futter grundsätzlich nach der Art von Vögeln, die sich jeweils davon anlocken lassen. Von der Futterart hängt es aber auch ab, in welcher Art von Futterstation Sie es anbieten.

KLASSISCHE MISCHUNG: Sie besteht meist aus Gerste, Hafer und anderem Getreide. Kann das ganze Jahr über in Futtersäulen, am Boden oder im Futterhaus angeboten werden.

ENERGIEREICHE MISCHUNG: Enthält viele Proteinquellen wie Sonnenblumenkerne bzw. gehackte Erdnüsse und eignet sich perfekt für den Winter und die Brutzeit.

NIGERSAAT: Bestens geeignet für Finken, die Samen sind aber sehr fein, weshalb eine spezielle Futtersäule erforderlich ist.

ERDNÜSSE: Verfüttern Sie nur speziell für Vögel angebotene Erdnüsse, da diese ungesalzen sind. Füllen Sie sie in geeignete Futtersäulen mit einem Metallgitter, aus dem Vögel wie Tannenmeisen oder sogar Spechte sie herauspicken können. Erdnüsse können Sie das ganze Jahr über anbieten, besonders im Winter.

MEHLWÜRMER: Rotkehlchen und Amseln lieben getrocknete Mehlwürmer – ob einfach so auf dem Futtertisch oder in einer Futtermischung. Weichen Sie sie während der Brutzeit in etwas Wasser ein, damit sie für die Jungvögel leichter verdaulich sind.

von links: Blaumeise, Rotkehlchen, Tannenmeise

MEISENKNÖDEL UND FETTPELLETS: Meisenknödel sind eine Mischung aus Fett, Getreide, Samen und manchmal auch Insekten, die den meisten Vögeln schmeckt – vor allem im Winter. Mit Getreide- und Nussmehl sowie Beerenextrakt oder Insekten angereicherte Fettpellets locken viele Vögel an und lassen sich einfach auf dem Futtertisch anbieten.

BLAU- UND KOHLMEISEN

Meisen bringen mit ihrem aufgeweckten, betriebsamen Charakter Leben in den Garten. Die munteren Vögel hüpfen gern in Gruppen oder als Pärchen von Baum zu Baum, zwitschern, singen und fressen Samen und Insekten. Im Garten sind sie leicht zu erkennen: Sowohl Blau- als auch Kohlmeisen haben leuchtend gelbe Bauchunterseiten. Kohlmeisen sind jedoch deutlich größer als Blaumeisen. Letztere sind zwar klein, aber sehr farbenprächtig und lebhaft. Häufig sieht man sie geradezu akrobatisch kopfüber an Futtersäulen hängen. Außerdem reißen sie oft auch keck die papierartige Rinde einiger Baumarten ab, um an die darunter versteckten Insekten zu gelangen. Und ich kann mich noch gut daran erinnern, als wir die Milch noch an die Haustür geliefert bekamen und Meisen Löcher in die Foliendeckel pickten, um an die leckere Sahne zu kommen. Die meisten Blaumeisen bleiben das ganze Jahr über im selben Gebiet. Doch im Herbst sieht man häufig ganze Schwärme aus Blau- und anderen Meisen, die von Garten zu Garten ziehen, um die Futterstellen zu besuchen. Und so sind Blau- und Kohlmeisen meist auch die häufigsten Gäste, die man am Futtertisch zu sehen bekommt.

Auch der Gesang der Kohlmeise ist einer der markantesten und im Garten mit am leichtesten zu erkennen. Oft ist er der Erste, den ich im Frühling zu hören bekomme. Dieses rhythmische »Zi-zi-bä« erkennt man sofort, wenn sich das Ohr erst einmal darauf eingestellt hat. Bezüglich des Nistplatzes sind Meisen nicht allzu wählerisch. Außer in Baumhöhlen und Nistkästen nisten sie oft an den seltsamsten Orten, z. B. in Gießkannen, im Briefkasten oder sogar in umgefallenen alten Stiefeln.

re.: Kohl- und Blaumeisen

KAPITEL 8

WINTERVÖGEL UND -PFLANZEN

Im Winter scheint der Garten oft trostlos und verlassen, doch zur Vogelbeobachtung ist diese Jahreszeit bestens geeignet. Vor allem kleinere Vögel lassen sich jetzt, nachdem die Bäume und Sträucher ihr Laub abgeworfen haben, inmitten der kahlen Zweige viel besser entdecken. Und da die Nahrung nun in der freien Natur knapp wird, ist der Winter mit Abstand die beste Zeit, um Vögel zu füttern. Auf der Suche nach dringend benötigter Nahrung kommen sie nun vermehrt in den Garten, werden mutiger und wagen sich – wenn Sie ihnen eine sichere Umgebung bieten – oft auch näher ans Haus heran. Denken Sie daran, das Futter im Vogelhäuschen regelmäßig aufzufüllen. Denn wenn die Vögel erst einmal bemerkt haben, dass es einen sicheren Futterplatz mit reichlich Nahrung gibt, kommen sie immer wieder.

Viele Vögel zieht es in wärmere Regionen, andere bleiben jedoch in ihren angestammten Brutgebieten. Besonders die kleineren Vögel haben häufig schwer zu kämpfen, um den Winter zu überleben. Gut gefüllte Futterplätze und die passenden Pflanzen im Garten sind daher für sie überlebenswichtig. Darüber hinaus wachsen die heimischen Vogelpopulationen im winterlichen Garten häufig an, weil es viele Vögel in die wärmeren Städte zieht und Wintergäste aus weiter nördlich gelegenen Ländern zu uns kommen. So ziehen einige Vogelarten wie z. B. Bergfinken, Erlenzeisige und Seidenschwänze aus Skandinavien, Island oder Russland zu uns, um hierzulande zu überwintern. Um Vögeln durch diese schwierige Zeit zu helfen, ist vor allem beim Rückschnitt und Aufräumen im Garten Zurückhaltung gefragt. Haben Sie ein Rotkehlchen in Ihrem Garten, wird es Ihnen dankbar Gesellschaft leisten, wenn Sie den Kompost umgraben oder Mulch ausbringen, um dabei zum Vorschein kommende Insekten aufzuspüren.

VÖGEL IM WINTER

Waldvögel wie Häher, Kleiber und Baumläufer kommen im Winter häufig auf Nahrungssuche in die Gärten, Wacholder- und Rotdrosseln sowie Schwärme kleiner Vögel wie Meisen legen dort ebenfalls Zwischenstopps ein.

Wenn es draußen sehr kalt ist und die Teiche und Flüsse auf dem Land zugefroren sind, bekommen Sie manches Mal auch ungewöhnliche Vögel wie Fischreiher und Eisvögel zu Gesicht.

Werden die Tage wieder länger, kommen häufig auch zahlreiche Wintergäste wie Schwanzmeisen oder Buch- und Grünfinken auf der Suche nach Samen in die Gärten.

DAS KÖNNEN SIE TUN

• Nun gilt: Weniger ist mehr. Lassen Sie den Garten einfach in Ruhe. Schneiden Sie winterharte Pflanzen möglichst nicht vor Winterende zurück. Einige Pflanzen wie z. B. Fetthennen werden durch starken Frost allerdings oft unansehnlich und matschig. In diesem Fall sollten Sie sie zurückschneiden. Viele andere jedoch stehen auch im Winter stabil und aufrecht und bieten kleinen Vögeln sowie Insekten, von denen sich wiederum viele Vögel ernähren, Schutz.

• Lassen Sie die Samenköpfe von Sonnenhut, Wiesenknopf, Aster und Rudbeckie bis in den Hochwinter stehen, um samenfressenden Vögeln Nahrung zu bieten.

• Auch übrig gebliebene Äpfel, Birnen und andere Früchte können Sie den Vögeln überlassen. Egal, ob Sie sie im Garten liegen lassen oder auf einen Futtertisch legen – Ihre Vogelgäste werden sich darüber freuen.

PFLANZEN FÜR DEN WINTER

FEUERDORN

Pyracantha

Mit seinen wehrhaften Dornen bietet der dicht verzweigte Strauch vor allem kleinen Singvögeln während der Nistzeit hervorragend Schutz.

Nutzen für Vögel: Man könnte meinen, die Hauptattraktion seien die Beeren – und tatsächlich sind sie bei beerenfressenden Vögeln sehr beliebt. Doch vor allem als geschützter Nistplatz für Drosseln, Amseln und kleinere Vögel ist der Feuerdorn kaum zu überbieten.

Gärtnerischer Nutzen: Abgesehen von den leuchtend roten oder orangefarbenen Beeren ist der Feuerdorn auch sonst äußerst vielseitig. Er ist immergrün, lässt sich zu einer Hecke trimmen und eignet sich mit seinen Dornen bestens als Randbepflanzung. Oder Sie pflanzen ihn als lockeren Strauch. Zugegeben: Er wird recht groß und benötigt einen regelmäßigen Rückschnitt, doch im Frühsommer trägt er eine Vielzahl an cremefarbenen Blüten und später in »Büscheln« stehende Beeren. Auch an einer Mauer gezogen macht er sich sehr gut – selbst in dunklen, kalten Ecken.

STECHPALME

Ilex

Ob die Stechpalme in Ihrem Garten eine Zuchtform oder eine heimische Art ist, spielt keine Rolle – solange sie Früchte trägt, zieht sie zahlreiche Vögel an.

re.: Stechpalme

Nutzen für Vögel: Sing-, Wacholder- und Rotdrosseln sowie Amseln lassen sich im Winter die Früchte schmecken. Mit ihrem dichten, verzweigten Wuchs ist die Stechpalme außerdem ein Paradies für nistende Vögel.

Gärtnerischer Nutzen: Die Auswahl an Stechpalmenarten ist groß, einige bringen jedoch Früchte hervor und andere nicht. Wählen Sie daher möglichst immer eine weibliche, fruchttragende Sorte. Eine meiner bevorzugten Ziersorten ist die Großblättrige Stechpalme 'Golden King', die nahezu stachellose, mehrfarbige Blätter und viele Beeren ausbildet. Die Rote Winterbeere (*Ilex verticillata*) ist eine Stechpalmenart, die ihr Laub im Winter abwirft, wodurch die leuchtend roten Beeren an den kahlen Zweigen wunderbar zur Geltung kommen – perfekt für Vögel.

HOLZAPFEL/ZIERAPFEL

Malus

Ein Blick auf seine vielen kleinen Früchte verrät die Verwandtschaft mit dem Kulturapfel. Der Blütenpracht im späten Frühjahr folgen im Herbst die Früchte, die kleiner und härter als Speiseäpfel sind. Der Holzapfel ist ein wahrer Insekten- und Vogelmagnet. Die Äpfel bieten im winterlichen Garten einen herrlichen Anblick und bleiben lang am Baum. Erst nach einigen Kälteeinbrüchen sind sie weich genug, dass Vögel sie fressen.

Nutzen für Vögel: Die Blüten ziehen im Frühling Insekten an, die Früchte schmecken z. B. Drosseln, Amseln und Krähen.

Gärtnerischer Nutzen: Der blühende Japanische Wildapfel (*Malus floribunda*) ist ein dekorativer Gartenbaum, der im späten Frühjahr rosa bzw. weiße Blüten und im Sommer kleine Früchte trägt. Zu den spät fruchtenden Sorten gehören der Zierapfel 'Golden Hornet' mit seinen gelben Früchten und der Sibirische Holzapfel 'Red Sentinel' mit einer Vielzahl leuchtend roter »Äpfel«, die bis weit in den Winter hinein am Baum bleiben.

EFEU

Hedera

Der Efeu ist eine nützliche immergrüne Kletterpflanze und eine der wertvollsten Pflanzen für Wildtiere. Schneiden Sie ihn jedoch regelmäßig zurück, damit er nicht zu sehr wuchert.

Nutzen für Vögel: Die im Herbst erscheinenden Blüten sind ein Magnet für Bienen und andere Insekten. Später im Jahr sind die in Büscheln wachsenden schwarzen Beeren eine wunderbare Nahrungsquelle für Drosseln, Mönchsgrasmücken und Amseln. Sie bleiben bis spät in den Winter an der Pflanze, wenn die Vögel sie am dringendsten benötigen. Viele kleine Vögel wie Rotkehlchen und Sperlinge nisten zudem gern im dichten Gestrüpp der Pflanze.

re.: Zierapfel

Gärtnerischer Nutzen: Efeu gibt es in vielen attraktiven Sorten, einige Zuchtformen tragen jedoch weder Blüten noch Früchte. Greifen Sie daher am besten zum Gemeinen Efeu (*Hedera helix*). Seien Sie sich jedoch bewusst, dass er sehr raumgreifend wächst. Eine Alternative ist Strauch-Efeu *Hedera helix* 'Arborescens', eine nicht kletternde, buschige Sorte. Reizvolle kletternde Arten sind hingegen *Hedera helix* 'Parsley Crested' mit glänzenden, am Rand gekräuselten Blättern und *Hedera helix* 'Glacier' mit kleinen weiß-grünen Blättern.

LAMPENPUTZERGRAS

Pennisetum

Das attraktiv blühende Lampenputzergras wirkt schon den Sommer über äußerst dekorativ. Doch erst im Winter kommt es so richtig zur Geltung, wenn die Wintersonne den Raureif an den Samenköpfen funkeln lässt.

Nutzen für Vögel: Inmitten der Stängel finden kleine Vögel wie Blaumeisen und Zaunkönige Schutz sowie Deckung bei der Nahrungssuche.

Gärtnerischer Nutzen: Lampenputzergras gibt es in mehreren empfehlenswerten Sorten. Um gut zu gedeihen, benötigt es einen sonnigen, warmen Standort. Pflanzen Sie es gut sichtbar im Garten, um die winterliche Pracht zu genießen. Zurückschneiden müssen Sie es erst zu Frühlingsbeginn. Das Orient-Lampenputzergras 'Karley Rose' bezaubert mit rosa Blütenbüscheln und ist robuster als andere Sorten, das Australische Lampenputzergras 'Hameln' hingegen ist eine kompakt wachsende Sorte, die den ganzen Winter gut aussieht.

BRANDKRAUT

Phlomis

Brandkräuter sind Pflanzen, die praktisch unverwüstlich sind. Sie blühen den ganzen Sommer, und die hoch aufragenden Stängel sind so robust, dass sie auch den Winter über stehen bleiben.

Nutzen für Vögel: Die Blüten ziehen zahlreiche Insekten an, die Samen liefern Vögeln wie Stieglitzen und Zeisigen Nahrung.

Gärtnerischer Nutzen: Das Syrische Brandkraut (*Phlomis russeliana*) kommt mit kargen Böden zurecht und treibt vom späten Frühling bis zum Ende des Sommers zahlreiche zartgelbe Blüten. Noch reizvoller ist es im Herbst und Winter, wenn die frostbereiften kräftigen Stängel mit ihren schönen Samenköpfen das Sonnenlicht einfangen. Geben Sie der Pflanze etwas Raum, um ihre Wirkung zu entfalten, jäten Sie jedoch alle Sämlinge aus, damit sie nicht den ganzen Garten einnehmen.

KARDEN

Dipsacus

Karden sind pflegeleicht, säen sich selbst aus, weshalb sie in einigen Ländern als invasiv eingestuft werden.

Nutzen für Vögel: Die stacheligen Stängel bieten vielen Wildtieren Schutz. Bienen und andere Insekten lieben die Blüten und Vögel wie z. B. Stieglitze fressen mit Vorliebe die Samen.

re.: Brandkraut

Gärtnerischer Nutzen: Die distelähnlichen Pflanzen mit ihren zartvioletten Blüten machen sich im Sommer gut in Rabatten, weil sie die anderen Stauden dekorativ überragen. Im Winter bestechen sie mit ihrem hohen Wuchs und ihrer markanten Form, vor allem wenn sie von Raureif überzogen sind.

ZIER-ARTISCHOCKE, KARDY

Cynara cardunculus

Die Zier-Artischocke eignet sich zwar nicht für kleine Gärten, wer jedoch etwas mehr Platz hat, kann sich an den großen, leuchtenden Blüten erfreuen.

Nutzen für Vögel: Im Sommer wird die Artischocke von Bienen umschwärmt, für Vögel sind jedoch die Samen und Stängel am wertvollsten. Die großen Blüten verwandeln sich im Herbst in weiche, faserige Samenköpfe, die Vögeln sowohl Samen als auch Nistmaterial liefern. Die dicken Stängel bieten Vögeln zudem geschützte Orte, um nach Insekten zu jagen.

Gärtnerischer Nutzen: Das hochwachsende, imposante Distelgewächs eignet sich wegen seiner schmucken silbernen Blätter und der fantastischen blauen Blüten perfekt für Rabatten. Zier-Artischocken benötigen aber ausreichend Platz im Garten und können bei starkem Wind abknicken. Ich schneide meine Artischocken im Herbst zurück, weil sie gern zu kopflastig werden. Die Samenköpfe lasse ich jedoch als »Vogelfutter« auf einer Mauer liegen. Die Pflanze ist nur bedingt winterhart und benötigt leichten Winterschutz.

FUTTERPLÄTZE FÜR VÖGEL

Die Möglichkeiten, Vögeln Futter anzubieten, sind vielfältig. So können Sie Futtersäulen oder Meisenknödel in einem Baum oder Strauch aufhängen. Ein Futtertisch oder -häuschen hat jedoch deutliche Vorteile. Denn so können Sie mehrere Futtersorten zur Verfügung stellen und auch eine größere Vielfalt an Vögeln anlocken. Futterhäuser sowie überdachte Futtertische bieten den Vögeln zudem mehr Schutz. Im Handel werden verschiedene Modelle von Futtertischen, Futterhäusern und Co. angeboten. Es muss jedoch nichts Ausgefallenes sein.

Achten Sie darauf, die Futterstelle sauber zu halten, und füllen Sie regelmäßig Futter nach. So können sich die Vögel darauf einstellen, dass es hier Futter gibt. Sorgen Sie nicht stetig für Nachschub, suchen sie sich ihre Nahrung schnell anderswo.

FUTTERTISCH SELBST BAUEN

Für den Bau eines Futtertischs sollten Sie stabiles Holz wie z. B. witterungsbeständiges Sperrholz verwenden. Die Standfläche sollte mindestens 30 x 50 Zentimeter groß und etwa 1 Zentimeter stark sein. Bringen Sie vier Leisten als Rand an, damit der Wind das Futter nicht über die Kanten weht oder die Vögel das Futter auf dem Boden verteilen. Lassen Sie jedoch die Ecken frei, damit das Regenwasser gut abläuft und Sie den Futtertisch leichter reinigen können.

Hängen Sie den Futtertisch entweder an Ketten auf, die Sie an den Ecken anbringen, oder befestigen Sie ihn auf einem stabilen Ständer. Zusätzlich können Sie den Futtertisch noch mit einem Dach versehen und an der Unterseite Haken anbringen, an denen Sie Futtersäulen oder Meisenknödel aufhängen.

TIPPS ZUM STANDORT

Damit Vögel die Futterstelle gut annehmen, ist der richtige Standort entscheidend. Es kann ein wenig dauern und vielleicht müssen Sie sie einige Male versetzen, bis der ideale Platz gefunden ist. Halten Sie sich jedoch an folgende Tipps und Hinweise:

• Ideal ist eine offene Fläche, damit sich Katzen nicht unbemerkt anpirschen können.

• In der Nähe sollten Büsche und Bäume stehen, damit die Vögel die Futterstelle von dort aus leicht erreichen.

• Die Futterstelle sollte gut von einem Fenster aus einsehbar sein, damit Sie die Vögel beim Fressen beobachten können.

ROTKEHLCHEN

Mit ihrer charakteristischen roten Brust und ihrem zirpenden, lebhaften Gesang zählen Rotkehlchen zu den ersten Vögeln, die man im Garten zu unterscheiden lernt. Nicht nur wegen der roten Brust – die sowohl Männchen als auch Weibchen aufweisen – sind sie leicht auszumachen, sondern auch wegen ihrer kecken, furchtlosen Art. Das liegt daran, dass Rotkehlchen sehr territorial veranlagt sind und ihr Revier lautstark und mutig verteidigen. So konnte ich z. B. schon beobachten, wie ein Rotkehlchen eine Katze, die seinem Nest zu nahe kam, allein durch sein wildes, kämpferisches Gebaren verjagte.

Rotkehlchen sind dafür bekannt, sich so gut wie überall ihr Nest zu bauen. So nisten Sie beispielsweise an efeuberankten Wänden ebenso wie in Blumenampeln, Manteltaschen oder in einem alten Topf, der in einem Baum hängt.

Für uns Gärtner sind sie echte Kameraden, die uns beim Umgraben, Jäten und Mulchen in der Hoffnung auf einige Leckerbissen das ganze Jahr über treu begleiten. Oft zeigen sie kaum Scheu, kommen nah heran und werden mit der Zeit immer mutiger, wenn sie merken, dass man für sie keine Gefahr darstellt. Da sie – im Unterschied zu anderen Vögeln – auch in der kalten Jahreszeit ihr Revier verteidigen, singen sie auch im Winter noch aus voller Brust, was besonders an klirrend kalten Tagen die Stimmung hebt. Allerdings kann der Winter vor allem für die flügge gewordenen Jungvögel verheerend sein. Denn Rotkehlchen können in einer einzigen Nacht bis zu zehn Prozent ihrer Fettreserven einbüßen. Umso wichtiger ist ein reiches Nahrungsangebot im Garten.

li.: Rotkehlchen ♂

KAPITEL 9

VÖGEL ERKENNEN

Wenn Sie die Vögel, die Ihrem Garten einen Besuch abstatten, genauer anschauen, werden Sie schnell bemerken, dass einige davon hier öfter unterwegs sind, das ganze Jahr über, bei Sonnenschein wie bei Regen. Diese Vögel sind häufig die ersten, die Sie auch unterscheiden können, einfach, weil Sie sie so oft sehen. Vögel wie das Rotkehlchen oder das nervöse Amselpaar und der vorsichtige kleine Zaunkönig – diese Vögel machen Ihren Garten wahrscheinlich als Erste zu ihrem Zuhause. Hier fressen und nisten sie, hier ziehen sie ihre Jungen auf, ohne sich allzu weit zu entfernen. Wenn Sie diese Vögel und ihre Gewohnheiten beobachten, so erkennen Sie schnell, was Sie noch zusätzlich in Ihrem Garten verbessern können, um ihn noch attraktiver und einladender zu gestalten. Denn wenn sich diese Vögel wohlfühlen, sind Sie auf dem besten Weg, auch andere, eher seltenere gefiederte Besucher dazu zu bewegen, bei Ihnen haltzumachen und auf Nahrungssuche zu gehen.

Gärten können ganz unterschiedliche Vögel anlocken. Zu den häufigsten Besuchern im Garten gehören Finken und Meisen, auch Rotkehlchen, Heckenbraunellen und Stare schauen gerne vorbei. Vorstadtgärten können aber auch Vögel anziehen, die man sonst eher auf dem Land erwartet, wie Kleiber, Zeisige und Spechte. Im Herbst und Winter schließen sie sich gern zu Gruppen zusammen: Kleinvögel wie Schwanzmeisen, Blaumeisen, Goldhähnchen und sogar Baumläufer suchen die Gemeinschaft in der Hoffnung, dass sie in größeren Gruppen sicherer sind als alleine. Auch Wacholderdrosseln und zuweilen Seidenschwänze können dann in Ihrem Garten auftauchen.

Bei der Beobachtung von Vögeln ist etwas Geduld gefragt – und auch ein gutes Fernglas ist hilfreich! Eine Vergrößerung von 8 x 42 ist ideal. Ein guter Ort für die Vogelbeobachtung ist beispielsweise eine Futterstelle. Mithilfe einiger Vogelbestimmungsbücher oder Apps für die Identifikation sind Sie bestens ausgerüstet. Nehmen Sie sich Zeit, um die Vögel zu beobachten und kennenzulernen, um zu erfahren, welche Umgebung sie bevorzugen – Sitzplätze ganz oben im Geäst oder im buschigen Dickicht –, welches Futter sie am liebsten fressen und wie sie sich verhalten. Baumläufer beispielsweise sind schnell und mit ihrem braunen Gefieder bei der Futtersuche kaum von der Rinde der Bäume zu unterscheiden. Es braucht Zeit und Übung, um sie zu beobachten. Kleiber dagegen sind größer, und ihr Gefieder ist gräulich-blau und ockerfarben, sie laufen zwar ebenfalls an der Rinde der Bäume hoch, aber häufig sieht man sie auch kopfüber nach unten klettern.

Es ist auch hilfreich, einige Vogelrufe unterscheiden zu können, um die jeweiligen Standorte der Vögel leichter zu entdecken. Wenn Sie im Garten sind, sollten Sie auf die individuellen Gesänge der Vögel achten. Auch eine App kann dabei gute Dienste leisten, die typischen Rufe der Vogelarten zu bestimmen.

Was Vögel an Ihrem Garten besonders schätzen, ist ganz einfach: Vögel benötigen auf der einen Seite den Schutz von dichten Hecken, Büschen und krautigen Pflanzen, die ihnen zusätzlich auch Samen und Insekten zum Fressen bieten, sowie auf der anderen Seite Grashalme, Flechten, Moos und Lehm für den Nestbau. Selbst ein Komposthaufen kann ein willkommener Unterschlupf für Insekten sein, den Vögel im Herbst und Winter regelmäßig absuchen.

Im Sommer und Herbst sind die Samen des Gartens eine wertvolle Nahrungsquelle, denn viele Vögel fressen kaum etwas anderes. Sie sollten zwar auch in Ihrem Futterhäuschen Körner und Samen anbieten, aber im Garten gibt es eine natürliche Fülle an Samen, von Wild- wie auch von Kulturpflanzen.

Samenkörner sind sehr nahrhaft und recht praktisch verpackt. Auch wenn es für Vögel nicht immer einfach ist, dranzukommen, weil die Pflanzen ihre Früchte ziemlich gut schützen. Doch aus genau diesem Grund haben Vögel Schnäbel in unterschiedlichen Formen und Größen entwickelt. Der Schnabel eines Buchfinken ist für verschiedenste Nahrung geeignet – für Spinnen, Raupen, Insekten und Beeren sowie auch zum Aufpicken einzelner Samenkörner –, aber für Kerne wie die der Sonnenblume mit ihrer harten Schale taugt er nicht. Für den kräftigen Schnabel des Grünfinken hingegen ist diese Schale kein Hindernis.

Die meisten Vögel in unseren Gärten waren ursprünglich Waldbewohner, die im Lauf der Zeit gelernt haben, dass ein Zusammenleben mit Menschen ihnen Sicherheit und den Vorteil von regelmäßigem Futter bringt. Auch wir Menschen haben viel von dieser Zweckgemeinschaft, und zwar nicht nur, dass Vögel schädliche Insekten vertilgen – sie erfreuen uns auch durch ihre Schönheit, durch ihren unvergleichlichen Gesang und mit ihrer fröhlichen Gesellschaft. Die Freude, dass wir unseren Lebensraum mit anderen Kreaturen teilen, ist etwas, das wir alle an unseren Gärten so schätzen. Und mit Vögeln ist man nie allein.

im Uhrzeigersinn von oben:
Buchfink, Baumläufer, Grünfink

FINKEN

Buchfinken, Grünfinken und Distelfinken gehören mit zu den häufigsten Besuchern in unseren Gärten, und zwar das ganze Jahr über. Der Distelfink, auch Stieglitz genannt, mit seinem gelb-roten Gefieder ist zwar die auffälligste heimische Finkenart, am wahrscheinlichsten bekommen Sie aber einen Buchfinken mit typisch rostroter Brust und Wangen zu Gesicht. Buchfinken sind neben Amseln, Rotkehlchen, Meisen und Zaunkönigen die häufigsten Brutvögel im Garten. Während das Männchen wunderschön gefärbt ist, ähnelt das Gefieder der Weibchen eher dem Haussperling. In ihrem Gesang haben diese Vögel häufig ausgeprägte regionale Variationen. Ihren englischen Namen *chaffinch* verdanken sie ihrer Angewohnheit, auf abgeernteten Feldern die Spreu (*chaff*) nach Samen zu durchsuchen.

Grünfinken bzw. Grünlinge sind dagegen größer und haben ein grünliches Gefieder sowie einen robusten, kräftigen Schnabel, der sich perfekt zum Öffnen von Samen mit harten Schalen, z. B. Sonnenblumenkernen, eignet. Im Frühjahr vollführen sie

li.: Buchfink ♂ Grünfink ♂
re.: Stieglitz/Distelfink ♀ ♂

einen bizarren Balzflug – dabei fliegen sie knapp über dem Boden langsam und mit übertrieben schwerfälligem Flügelschlag. Häufig sitzen Grünfinken in Gruppen in Nadelbäumen wie Leyland-Zypressen.

Stieglitze gehören zu den Gartenvögeln mit dem spektakulärsten Gefieder hierzulande und sie können zudem auf eine echte Erfolgsgeschichte verweisen. Weil immer mehr Menschen Vögel füttern, ist die winterliche Überlebensrate von Distelfinken entsprechend gestiegen – ganz besonders lieben sie Nigersaat. Das geschwätzige Gezwitscher der Vögel, wenn sie von einer Distel zur nächsten flattern, und ihre farbenfrohe Erscheinung sind einfach bezaubernd. Leider derart bezaubernd, dass Distelfinken in der Vergangenheit als Käfigvögel sehr beliebt waren und ihr Bestand stark abnahm.

EULEN

Eulen bekommen Sie in Ihrem Garten wahrscheinlich nur selten zu Gesicht, trotzdem stehen die Chancen gut, dass Ihr Garten tatsächlich zum Revier einer Eule gehört. Alle Eulenarten haben ein extrem gutes Gehör, und mit ihren großen Augen können sie bei Tag und Nacht gut jagen – obwohl Eulen meist nachtaktiv sind. Sie sind hervorragende Beutegreifer und jagen vor allem Nagetiere. Dabei kommt ihnen zugute, dass ihr Flug geradezu gespenstisch leise ist. Viele Eulenarten bauen keine eigenen Nester, sondern legen ihre Eier entweder in alte Nester anderer Vogelarten oder in Baum- oder Felshöhlen.

Waldkäuze sind die häufigste Eulenart in Städten, man bekommt sie jedoch selten zu Gesicht, weil sie nachtaktiv sind. Aber Sie kennen wahrscheinlich den Ruf des Waldkauzes, dieses eindringliche »Kuwitt«, das vor allem im Winter zu hören ist. Tatsächlich stammt dieser Laut von zwei Vögeln, einem Männchen und einem Weibchen, die mit Ruf und Antwort anderen Eulen ihr Revier aufzeigen. Da sich Waldkäuze selten weiter als ein, zwei Kilometer von ihrem Geburtsort ein Revier suchen, ist dieses Markieren sehr wichtig – vor allem, weil flügge Jungvögel, die nicht weit fortziehen möchten, versuchen, ihr Heimatterritorium einzunehmen.

Eulen gelten zwar als nachtaktiv, viele wie z. B. der Steinkauz jagen jedoch auch bei Tag oder am Abend. Steinkäuze sind nur etwa so groß wie eine Drossel, aber viel stämmiger. Sie jagen häufig in der Morgen- oder Abenddämmerung kleine Säugetiere und Vögel, aber auch Insekten und Regenwürmer gehören zu ihrer Beute. Mit etwas Glück können Sie einen Steinkauz im Garten auf einem Ast oder einem Zaunpfosten sitzen sehen.

re.: Schleiereule ♂

Eine gespenstisch fahle Schleiereule mit ihrem charakteristischen herzförmigen Gesicht auf leisen Schwingen durch die Nacht schweben zu sehen, ist ein magisches Erlebnis. Schleiereulen leben zwar hauptsächlich in ländlichen Gebieten, nutzen aber gern Eulen-Nistkästen in Parks. Deshalb haben Sie vielleicht das Glück, sie auch in Ihrem Garten zu sehen – vor allem, weil sie auch tagsüber auf die Jagd gehen.

KAPITEL 10

GEFAHREN UND FRESSFEINDE

So manches Mal hat man den Eindruck, als stünde man beim Versuch, Vögel in den Garten zu locken, auf verlorenem Posten. Schließlich muss es die Vogelpopulation mit zahlreichen Fressfeinden wie Nachbarskatzen, Stadtfüchsen, Eichhörnchen, Ratten und Raubvögeln aufnehmen. Stadtfüchse erbeuten allerdings nur selten kleine Vögel. Denn alles, was kleiner ist als eine Taube, lohnt den Aufwand nicht. Eichhörnchen und Ratten machen sich zwar bisweilen über Eier und Küken her, ausgewachsene Vögel bleiben jedoch meist verschont, sodass sie erneut brüten können.

Hauskatzen hingegen stellen für kleine Vögel die mit Abstand größte Gefahr dar. Vielleicht glauben Sie, dass eine Katze nicht viel Beute macht. Doch selbst wenn sie nur alle vier bis acht Wochen einen Vogel fängt, kommt dabei einiges zusammen. So gibt es z. B. in Deutschland rund 15,7 Millionen Hauskatzen, die jährlich bis zu 200 Millionen Vögel fangen. Da sie auch ausgewachsene Tiere erbeuten, können sie die Brutpopulationen erheblich dezimieren. Zwar gibt es Abwehrsysteme, die mit Ultraschall arbeiten, und als Katzenbesitzer kann man auch ein Glöckchen am Halsband seiner Katze befestigen, das Vögel rechtzeitig warnt. Doch am besten machen Sie Ihren Garten zu einem sicheren Ort für Vögel durch für Katzen nicht erreichbare Futterhäuschen, Nistkästen und dichte Büsche.

Raubvögel sind schon seit Urzeiten natürliche Fressfeinde kleiner Vögel. Für ihr Überleben sind sie auf Beutetiere angewiesen und bilden mit ihnen eine Nahrungskette, die für unser Empfinden manchmal brutal erscheinen mag, aber vollkommen natürlich ist. So sind zwar viele Fische in meinem Gartenteich inzwischen einem Fischreiher zum Opfer gefallen, dennoch freue ich mich über den imposanten Anblick, den er in meinem Garten bietet. Und wenn ich beobachte, wie ein Sperber aus der Höhe herabschießt, um eine ähnlich große Taube anzugreifen, finde ich dies ebenso beeindruckend.

Einige Vögel stehen im Ruf, Eier und Jungtiere anderer Vögel zu fressen. So werden z. B. Elstern und in geringerem Maß auch Eichelhäher dafür verantwortlich gemacht, den Bestand kleinerer Vogelarten zu dezimieren. Dies trifft jedoch nur bedingt zu. Denn Elstern und Eichelhäher fallen zwar im Frühjahr, wenn sie hungrig sind, mitunter auch über die Nester anderer Vögel her. Viel größer ist jedoch die Bedrohung der Singvogelpopulationen durch das Insektensterben infolge moderner Landwirtschaft.

Und so freue ich mich stets, wenn ich das Eichelhäherpaar, das in meinem Garten nistet, Jahr für Jahr wiedersehe. Betrachtet man ihre Größe, sind sie erstaunlich scheue Tiere, die mit ihrem rötlich braunen bis rosafarbenen Gefieder und den leuchtend blau gestreiften Flügeln herrlich anzusehen sind. Außerdem sind sie ungemein nützlich. Schließlich vergraben sie im Herbst Eicheln, die ihnen als Futterreserve für den kargen Winter dienen. Teilweise vergessen sie diese Verstecke und die Eicheln wachsen zu Bäumen heran. Sie sind also gar nicht solche Schurken!

SPERBER

… UND EINIGE BEMERKUNGEN ZU BUSSARDEN

Neben Bussarden und Falken zählen Sperber hierzulande zu den häufigsten Raubvögeln. Während sich jedoch Turmfalken kaum jemals im Garten sehen lassen, schätzen Sperber das große Nahrungsangebot, das städtische Gärten, Parks und grüne Vororte ihnen bieten. Sie sind hervorragende Jäger und mutig genug, um es mit Vögeln gleicher Größe aufzunehmen. Mit ihrem in Grau- und Brauntönen getarnten Gefieder können sie sich zudem gut im Laub verstecken, um ihre Beute blitzschnell zu erhaschen. Oft legen sie sich dazu im Schatten auf die Lauer und machen sich erst dann bemerkbar, wenn sie herabstürzen, um z. B. eine auf dem Futtertisch sitzende Blaumeise zu erbeuten – ein guter Grund, den Futterplatz mit einem Dach zu schützen! Sperber lauern oft auch im Hinterhalt auf kleinere Vögel, wobei sie sich auf das Überraschungsmoment verlassen. Da die Weibchen bis zu ein Drittel größer sind als die Männchen, können sie auch größere Beutetiere wie z. B. Tauben erlegen. Die Männchen hingegen beschränken sich bei der Jagd meist auf kleinere Singvögel.

In der Vergangenheit haben es Sperber in Mitteleuropa allerdings schwer gehabt. Grund hierfür war der Einsatz von Pestiziden wie DDT, die zu einem starken Rückgang der Bestände führten. Diese Chemikalien reichern sich in der Nahrungskette an und vergiften nicht nur die Vögel selbst, sondern führen auch dazu, dass die Eierschalen so dünn werden, dass sie zerbrechen. Auch andere Raubvogelarten wie z. B. Bussarde waren hiervon betroffen. Nachdem der Einsatz derartiger Chemikalien verboten wurde, hat sich der Bestand seit Mitte der 1970er-Jahre wieder erholt, sodass man Sperber wieder häufiger sieht.

re.: Sperber ♀

Ein weiterer Raubvogel, den Sie vielleicht zu Gesicht bekommen werden, ist der Mäusebussard. Zwar ist es eher unwahrscheinlich, ihn von Nahem zu sehen, bisweilen zieht er jedoch hoch über dem Garten seine Kreise. Häufig sind Bussarde in Paaren unterwegs und rufen sich ein »Hiääh« oder ein warnendes »Pijää« zu. Trotz ihrer Größe haben auch sie es nicht leicht. Denn oft werden sie von Krähen angegriffen, die ihr Revier und ihre Jungen schützen, wenn Bussarde ihnen zu nahe kommen.

KRÄHEN, ELSTERN UND HÄHER

Diese drei Vogelarten genießen allgemein einen eher schlechten Ruf: Sie gelten als aggressiv und opportunistisch und fressen die Eier und sogar Küken kleinerer Vögel. Die Auswirkungen auf die entsprechenden Singvogelpopulationen sind jedoch sehr gering. Krähen und Elstern haben sich – hauptsächlich aufgrund ihrer Intelligenz und Anpassungsfähigkeit – recht erfolgreich in unseren Städten vermehrt. Beide Arten sind geschickte Raubvögel, die sich z. B. über Take-away-Reste und überfahrene Tiere, aber auch Futterplätze im Garten hermachen. Vor allem Elstern sind neugierige Gartenvögel, die mit ihrem schillernd schwarz-weißen Gefieder zudem herrlich anzusehen sind.

Da ich meinen Garten schon seit rund zehn Jahren mit demselben Krähenpaar teile, habe ich mit der Zeit auch für diese geschickten Vögel eine Vorliebe entwickelt. Krähen sind allerdings ziemlich menschenscheu. Kommt man ihnen zu nahe, fliegen sie auf und setzen sich auf einen nahen Baum, um mit heiserer Stimme eine laute Warnung zu krächzen. Ihre Familien verteidigen sie vehement und attackieren sogar Bussarde, um sie von ihrem Nest fernzuhalten. Krähen sieht man im Garten meist einzeln oder in Paaren, die häufig ein ganzes Leben lang – bis zu 20 Jahre – zusammenbleiben. Was sie vor allem so besonders macht, ist ihre Klugheit. So ist z. B. bekannt, dass Krähen Walnüsse auf die Straße fallen lassen, um sie aufzubrechen, und es wurde auch schon berichtet, dass sie Steine in einen Wasserbecher legen, damit der Wasserstand steigt und sie leichter an die Flüssigkeit gelangen.

Auch Eichelhäher gehören zu meinen Lieblingsgartenvögeln. Oft verstecken sie sich im schattigen Geäst von Bäumen und ich nehme sie nur im Augenwinkel als Aufblitzen eines schil-

re.: Eichelhäher ♀

lernd blauen Flügels wahr. Nur hin und wieder habe ich die Chance, einen Eichelhäher näher zu betrachten, wenn er gerade Eicheln sammelt und abgelenkt ist. Mit seinem rötlich braunen Gefieder, dem schwarzen Streifen am Kopf und den schwarzweißen und stahlblauen Flügeln ist er das prächtigste Mitglied der Krähenfamilie. Indem die Vögel Eicheln als Wintervorrat vergraben, tragen sie außerdem zur Ausbreitung und zum Erhalt des Baumbestands bei. Studien zufolge verbringt ein Eichelhäher innerhalb weniger Herbstwochen etwa zehn Stunden am Tag damit, insgesamt Hunderte – wenn nicht gar Tausende – Eicheln zu vergraben. Denken Sie daran, wenn Sie das nächste Mal einen Eichensetzling sehen!

KAPITEL 11

QUELLEN UND LITERATURTIPPS

All diejenigen, die sich für Vögel in ihrem Garten interessieren, finden hierzu unzählige Informationen und Tipps. Neben zahlreichen Büchern und Websites gibt es z. B. auch Apps fürs Smartphone, die bei der Vogelbestimmung helfen. Verschiedene Websites enthalten auch Ausschnitte von Vogelgesängen, mit deren Hilfe sich Vögel bestimmen lassen, die man im Garten zwar hört, aber nicht sieht.

Informationen über vogelfreundliche Pflanzen – insbesondere im eigenen Garten – sind zwar nicht so zahlreich, aber einige nützliche Bücher und Internetadressen gibt es hierzu dennoch:

BÜCHER

Hofmann, Helga: *Gartenparadies für Vögel: Bed & Breakfast für gefiederte Gäste* (Gräfe und Unzer, 2017)

Kopp, Ursula: *Die 100 besten Pflanzen für Vögel, Bienen, Schmetterlinge* (Bassermann, 2022)

Schmid, Ulrich: *Ein Garten für Vögel: Gestalten – Pflanzen – Beobachten* (Franckh Kosmos, 2019)

Svensson Lars/Delin, Hakan: *Vögel Europas: Alle Arten, 1800 Farbzeichnungen, 460 Verbreitungskarten* (BLV, 2017)

WEBSITES

Naturschutzbund Deutschland e. V. (www.nabu.de)
Tipps zur naturnahen und vogelfreundlichen Gartengestaltung, Vogelfütterung und -beobachtung sowie zum Nistkastenbau, außerdem Vogelporträts, Bestimmungshilfen und Ausschnitte von Vogelgesängen gibt es auf der NABU-Website. Hier findet man auch Infos zur NABU-Aktion »Stunde der Gartenvögel«.

Naturschutzbund Österreich (naturschutzbund.at)
Die Website des Naturschutzbunds Österreich bietet u. a. Vogelporträts und -gesänge sowie Links zu Mitmachaktionen wie **www.naturbeobachtung.at**.

BirdLife (www.birdlife.at; www.birdlife.ch)
Auf den Websites von BirdLife Österreich und BirdLife Schweiz finden Sie zahlreiche Natur- und Vogelschutzprojekte sowie Infos, z. B. rund ums Vogelfüttern, die Vogelbeobachtung und -bestimmung sowie den Vogelschutz im Garten.

Deutscher Rat für Vogelschutz e. V. (www.drv-web.de)
Dachverband deutscher Organisationen, die sich für den Vogelschutz engagieren, mit Links zu regionalen Mitgliedsverbänden.

Landesbund für Vogelschutz in Bayern e. V. (www.lbv.de)
News und Infos rund um Vogel- und Biotopschutz, Artenporträts mit Ausschnitten von Vogelstimmen, Tipps zur Vogelbeobachtung und -bestimmung sowie Infos über Artenschutzprojekte und Mitmachaktionen wie z. B. Vogelzählungen.

DAWN CHORUS (https://dawn-chorus.org)
Mitmachprojekt zur Aufnahme morgendlicher Vogelgesänge. Diese werden kartiert und ergänzen eine wissenschaftliche Datenbank zur Biodiversitätsforschung.

SMARTPHONE-APPS

NABU-App »Vogelwelt«
Vogelbestimmungs-App mit Porträts, Meldefunktion und über 1000 Fotos von 308 Arten.

Kosmos-App »Was fliegt denn da?«
Vogelbestimmungs-App mit Informationen zu über 470 europäischen Vogelarten, inklusive Verbreitungskarten sowie zahlreichen Zeichnungen, Vogelstimmen und Filmen.

Kosmos-App »Gartenvögel«
Filmporträts zu 37 einheimischen Gartenvögeln mit ihren Gesängen sowie Infos zu zahlreichen Vogelarten.

»Vogelführer Pro« von Nature Mobile
App zur Mitmachaktion »Stunde der Gartenvögel«, inklusive Fotos, Audio-Dateien, Bestimmungstool sowie Vogelstimmen- und Vogelbilder-Quiz.

»Birdnet«-App der TU Chemnitz
App zur Auswertung von Tonaufnahmen von Vogelgesängen mit weiteren Informationen zu den jeweiligen Vogelarten.

App »Merlin Bird ID«
Vogelbestimmung durch Beantwortung von Fragen oder per Foto, entwickelt von der Cornell University in New York.

VERZEICHNIS DER VOGEL- UND PFLANZENNAMEN

A

Albatros – *Diomedeidae*
Amerikanische Schönfrucht – *Callicarpa americana*
Ammer – *Emberizidae*
Amsel – *Turdus merula*
Apfel – *Malus domestica*
Aster – *Symphyotrichum, Aster*

B

Bachstelze – *Motacilla alba*
Berberitze – *Berberis*
Birne – *Pyrus*
Blaumeise – *Cyanistes caeruleus*
Blauregen/Glyzinie – *Wisteria*
Blesshuhn – *Fulica atra*
Bluthänfling – *Carduelis cannabina*
Brandkraut – *Phlomis*
Braunelle – *Prunella*
Brombeere – *Rubus sect. Rubus*
Buchfink – *Fringilla coelebs*
Buntspecht – *Dendrocopus major*

D

Drossel – *Turdidae*

E

Efeu – *Hedera*
Eisvogel – *Alcedo atthis*
Elster – *Pica pica*

F

Färberhülse/Indigolupine – *Baptisia australis*
Federgras – *Stipa*
Feldsperling – *Passer montanus*
Felsenbirne – *Amelanchier*
Fenchel – *Foeniculum vulgare*
Fetthenne – *Sedum*
Feuerdorn – *Pyracantha*
Fliegenschnäpper – *Muscicapidae*

G

Gänseblümchen – *Bellis*
Geißblatt/Heckenkirsche – *Lonicera*
Gimpel – *Pyrrhula pyrrhula*
Goldrute – *Solidago*
Grasmücke – *Sylvia*
Grünfink/Grünling – *Carduelis chloris*
Grünspecht – *Picus viridis*

H

Hartriegel – *Cornus*
Hausschwalbe/Rauchschwalbe – *Hirundo rustica*

Haussperling – *Passer domesticus*
Heckenbraunelle – *Prunella modularis*
Holunder – *Sambucus*

J

Johannisbeere – *Ribes*
Jungfer im Grünen – *Nigella damascena*

K

Kapuzinerkresse – *Tropaeolum*
Karde – *Dipsacus*
Kirsche – *Prunus*
Klee – *Trifolium*
Kleiber – *Sitta europaea*
Kleinspecht – *Dendrocopos minor*
Kohlmeise – *Parus major*
Kornblume – *Centaurea cyanus*
Krähe – *Corvus*
Kugeldistel – *Echinops*

L

Lampenputzergras – *Pennisetum*
Lavendel – *Lavandula*
Loganbeere – *Rubus x loganobaccus*
Löwenzahn – *Taraxacum officinale*

M

Majoran – *Origanum majorana*
Mannstreu – *Eryngium*
Mauersegler – *Apus apus*
Mehlschwalbe – *Delichon urbica*
Meise – *Paridae*
Mistel – *Viscum album*
Misteldrossel – *Turdus viscivorus*
Mönchsgrasmücke – *Sylvia atricapilla*

N

Nachtkerze – *Oenothera biennis*

P

Pflaume – *Prunus domestica*
Pirol – *Oriolus oriolus*

R

Rabe – *Corvus*
Rauchschwalbe/Hausschwalbe – *Hirundo rustica*
Reiher – *Ardeidae*
Ringeltaube – *Columba palumbus*
Rose – *Rosa*
Rosmarin – *Rosmarinus officinalis*
Rotdrossel – *Turdus iliacus*
Rotkehlchen – *Erithacus rubecula*
Rudbeckie – *Rudbeckia*

S

Schleiereule – *Tyto alba*
Schneeball – *Viburnum*
Schwanzmeise – *Aegithalos caudatus*
Schwarzkümmel – *Nigella*
Segge – *Carex*

Seidenschwanz – *Bombycilla garrulus*
Singdrossel – *Turdus philomelos*
Sonnenblume – *Helianthus*
Sperber – *Accipiter nisus*
Spierstrauch – *Spiraea*
Spindelstrauch – *Euonymus*
Star – *Sturnus vulgaris*
Stechpalme – *Ilex*
Steinkauz – *Athene noctua*
Stieglitz/Distelfink – *Carduelis carduelis*

T

Tannenmeise – *Periparus ater*
Taube – *Columbidae*
Teichralle/Teichhuhn – *Gallinula chloropus*
Türkentaube – *Streptopelia decaocto*
Turmfalke – *Falco tinnunculus*

V

Vogelbeere/Mehlbeere/Eberesche – *Sorbus*

W

Wacholderdrossel – *Turdus pilaris*
Waldkauz – *Strix aluco*
Waldrebe/Klematis – *Clematis*
Wanderfalke – *Falco peregrinus*
Weißdorn – *Crataegus*
Wiesenkerbel – *Anthriscus sylvestris*
Wiesenknopf – *Sanguisorba*
Witwenblume – *Knautia*

Z

Zaunkönig – *Troglodytes troglodytes*
Zeisig – *Spinus*
Zweifarbenpirol – *Pitohui dichrous*
Zwergmispel – *Cotoneaster*

DANKSAGUNG

Mein Name steht zwar auf dem Cover, doch erst die kunstvollen Illustrationen von James Weston Lewis machen dieses Buch zu einem Blickfang, wofür ich ihm von Herzen danken möchte.

Jedes Buch ist das Ergebnis einer gelungenen Zusammenarbeit. Und so gilt mein Dank auch Harriet Butt, Maeve Bargman und dem übrigen Team von Quadrille Publishing. Es war mir eine große Freude, mit euch zu arbeiten.

Auch Jane Graham Maw und Maddy Belton von Graham Maw Christie möchte ich für die stetige Unterstützung und nicht nachlassende Begeisterung meinen Dank aussprechen.

Vielmals danken möchte ich auch Haydn, Annie und meiner Mutter, die mich mit ihren Ideen und Beobachtungen unterstützt haben. Ihr habt mir mehr Wissen über Vögel vermittelt, als ich sagen kann, und ich hoffe, dass euch dieses Buch gefällt.

ÜBER DIE AUTORIN

In ihrer 30-jährigen Gartenbaukarriere arbeitete Jane Moore u. a. als Chefgärtnerin einer Benediktinerabtei, Autorin für britische Gartenmagazine und -zeitungen, Expertin für BBC-Gartensendungen und Moderatorin der BBC-Fernsehsendung »Gardeners' World«. Ihre Tätigkeit als Gärtnerin und Gartenautorin bestimmt ihre gesamte berufliche Laufbahn. Sie verfügt über ein weitreichendes Praxiswissen, eine breit gefächerte Pflanzenkenntnis sowie eine ungebrochene Leidenschaft für den Gartenbau und seinen Einfluss auf unser tägliches Leben. Aus ihrer Feder stammt auch der Ratgeber »Pflanzen für Schmetterlinge« (Gerstenberg, 2020) und »Pflanzen für ein naturnahes Leben« (Gerstenberg, 2021).

Die Originalausgabe erschien 2022 unter dem Titel
Planting for Garden Birds bei
Quadrille Publishing, einem Imprint von
Hardie Grant Publishing

Quadrille Publishing
52–54 Southwark Street
London SE1 1UN
www.quadrille.com

Aus dem Englischen von Linde Wiesner

1. Auflage 2022

Redaktion und Satz: twinbooks, München

Printed and bound in China

www.gerstenberg-verlag.de
ISBN 978-3-8369-2190-9

FSC
www.fsc.org
MIX
Paper from
responsible sources
FSC™ C020056

o.: Sommergoldhähnchen ♂